AF500146

REQUÊTE EN PRISE A PARTIE,

ET

DÉNONCIATION DE DÉNI DE JUSTICE,

AVEC

UN INVENTAIRE DE PIÈCES A L'APPUI,

Adressés à la Haute Cour et à la Cour de Cassation;

POUR M. ET Mme SELVES,

CONTRE LA COUR IMPÉRIALE DE PARIS.

REQUÊTE
EN PRISE A PARTIE (1)

CONTRE LA COUR IMPÉRIALE DE PARIS,

Adressée à Son Excellence le Comte REGNAUD DE SAINT-JEAN D'ANGÉLY, Procureur général de la Haute Cour Impériale;

Et adressée encore, pour le renvoi devant une autre Cour Impériale que celle de Paris,

A Messieurs tenant la Cour de Cassation :

Pour JEAN-BAPTISTE SELVES, ex-Législateur, ancien Magistrat, et FÉLICITÉ ROMET, son Épouse, domiciliés à Paris.

Sciant judices se jus dicere, non jus dare.
BACON.

IL ne suffit pas à l'ordre public que le gouvernement fasse des exemples contre ceux de

---

(1) Les articles 505 et suivans, du titre de la prise à partie, dans le nouveau Code, portent que lorsqu'un déni de justice est constaté par deux réquisitions faites aux juges par huissier, ils peuvent être pris à partie, par requête signée du demandeur, devant la Haute-Cour impériale, conformément à l'art. 101 des constitutions de l'Empire de floréal an 12; et les juges pris à partie doivent s'abstenir aussitôt que la requête est admise, sans attendre que la prise à partie soit jugée.

ses préposés qui lui cachent les vérités qu'il a besoin de connaître.

Il faut encore que celui qui, en étudiant opiniâtrement les lois et en écoutant les devoirs de ses fonctions de magistrat et des invitations respectables, ose dire tout ce qui lui paraît nécessaire au salut et à la gloire de la justice, et le publier péniblement à ses frais, soit au moins en sûreté, et à l'abri des vengeances et des pillages, et qu'il soit même protégé, quand il a aussi la générosité de ne pas importuner pour se faire accorder ni des récompenses, ni des faveurs.

Il ne faut pas surtout, quand il démasque des ennemis des lois et de la justice, souffrir que des gens de justice se liguent et abusent de leur pouvoir pour l'écraser.

Car si la police doit empêcher d'éteindre les réverbères qui éclairent les méfaits; quand les hommes de la police contribuent à les éteindre, ils sont plus punissables que les malfaiteurs eux-mêmes.

Les exposans devraient obtenir ce qu'ils demandent ici, par cela seul qu'ils constatent, selon la loi, un déni formel de justice, en rapportant deux réquisitions faites inutilement, par huissier, à la Cour impériale de Paris, d'avoir à répondre des requêtes remises à son greffe.

Par cela seul encore que les exposans adressent cette requête en prise à partie à S. E. le procureur général de la Haute Cour, et qu'elle en sera saisie, la Cour impériale de Paris doit s'abstenir de la connaissance des contestations suscitées aux exposans, sans attendre le jugement de la prise à partie, ni même que la requête soit admise, parce qu'il ne dépend pas des exposans de faire assembler la Haute Cour.

Enfin, par suite, la Cour de cassation doit désigner une autre Cour impériale, afin que les exposans ayent des juges.

Voilà pourquoi cette requête est présentée à la fois à M. le procureur général de la Haute-Cour, et à la Cour de cassation.

Le déni de justice qui seul autoriserait ce recours des exposans, quand ils n'auraient pas comme ils en ont d'autres moyens, est d'autant plus représensible, que les requêtes restées sans réponse étaient, par leur objet, tout à fait importantes.

Elles avaient pour but de faire constater les faits les plus graves et les plus préjudiciables, et d'en arrêter les suites.

Ces faits, car les exposans savent qu'il ne faut parler que d'après des faits constans par des écrits ou qu'on peut prouver clairement, ces faits, disons-nous, portés dans ces requêtes, caractérisaient des vengeances évidentes, des corruptions de juges, des interceptions de la défense des exposans, par les subalternes et les meneurs du palais ligués, et constamment protégés par des juges, leurs parens, leurs amis, leurs anciens confrères, pleins de prévention et d'inimitié contre les exposans ; elles caractérisaient aussi des trahisons dans la défense par les avoués même que les exposans étaient forcés d'employer; elles relataient des condamnations sans entendre, sans lire, excédant même ce qui était demandé, des concussions énormes sous prétexte de frais, enfin des violations des lois qui rendent formellement les juges responsables, et permettent de s'adresser aux Cours impériales elles-mêmes pour autoriser les prises à partie qui ne sont dirigées que contre des juges en particulier, parce que celles qui sont dirigées contre les Cours elles-mêmes, ou quelqu'une de leurs chambres, doivent être portées à la Haute Cour.

Ces requêtes présentaient aussi des supplications, et, en tant que de besoin, des réquisitions à des juges de se récuser, même à la Cour impériale de Paris, de reconnaître qu'elle devait se recuser d'elle-même; et, en attendant que les exposans eussent d'autres juges, cette Cour était suppliée de faire cesser les refus de ses avoués et de ses huissiers de mettre la défense des exposans en règle, et de leur enjoindre, parce que leur ministère est forcé, de remplir des formalités qui ne peuvent l'être que par eux, afin que les exposans ne continuassent pas d'être jugés sans être entendus, et même sans conclusions, surtout dans ce qui touche les avoués devenus à peu près leurs seules parties par leurs concussions et leur connivence.

Voilà quel était le but licite et légal de ces requêtes, accompagnées même de diverses notes imprimées qui expliquaient aussi l'oppression, et qui seules, dès que la Cour a refusé de les répondre, malgré deux réquisitions qui sont rapportées, forcent la prise à partie et la récusation, quand les exposans n'en diraient pas davantage.

Mais un intérêt encore plus grand pour le bien même de la justice que pour les exposans, leur a commandé de donner des détails certains sur d'autres faits bien plus affligeans que le refus de répondre les requêtes, et sur la source, la nature des passions haineuses qui, depuis plus de dix ans, produisent sans cesse les plus pernicieux effets, par un aveuglement, un délire porté, comme on voit, aux derniers excès, puisque la Cour souveraine de la première ville de l'Empire s'est mise hardiment en rébellion ouverte contre le texte formel des lois qui ordonnent aux juges de répondre les requêtes sous les peines du déni de justice, et a bravé même les deux réquisitions légales à elle faites par huissier.

L'existence de ces deux réquisitions, que cette Cour n'a évidemment souffertes que pour ne pas sévir contre les suppôts du palais, est, on peut le dire en passant, une nouvelle preuve de la domination que la corporation de ces suppôts exerce sans cesse sur les juges; domination si constante, si dangereuse contre les monarques même et leur trône; tant prouvée par l'histoire de tous les temps, et par les faits énumérés dans les ouvrages de M. Selves, contre lesquels elle se venge; domination enfin qui forme un état dans l'état, et dont la colère contre les exposans serait désespérante, si cette colère même n'était pour M. Selves une gloire, et si l'on ne devait pas s'attendre que le gouvernement enfin ouvrira les yeux, et pourra terrasser à jamais les dominateurs, dès que le moyen infaillible lui en est offert.

L'activité sourde de cette corporation sous le règne même si fort de Napoléon, sera bien mieux prouvée lorsqu'il sera permis de dévoiler tout à fait certaines fautes qu'on commence d'apercevoir dans les nouvelles lois, et dont M. Selves a démontré une partie sans que la censure impériale l'ait improuvée, et qui sont toutes en faveur de ces dominateurs.

On verra alors comment ils ont su, lors de la rédaction, tourner en leur faveur un de leurs grands protecteurs alors puissant, qui probablement le serait moins aujourd'hui s'il vivait, et auquel il était impossible de se faire entendre pour l'empêcher de consommer le mal quand il l'avait conçu; dont l'entêtement osait même lutter avec la suprême puissance, qui était dur, inabordable et rancuneux, au point de ne rien négliger pour nuire à ceux qui osaient constamment lui résister, comme M. Selves l'a éprouvé, et l'expliquera un jour; car, après lui avoir fourni plusieurs matériaux, il voulait l'exciter à museler au moins un peu cette corporation qu'il a au contraire tant défendue et favorisée dans son travail.

Mais le législateur des chrétiens eut son Judas; les lois anglaises sont pleines des trahisons de leurs rédacteurs et de leurs interprètes. L'empereur Justinien eut son Tribunien, accusé, suivant les expressions de l'histoire, d'avoir accommodé les lois romaines aux intérêts de ses amis. Il y a malheureusement des traîtres partout.

Les détails que nous avons dit que le plus grand intérêt commande d'ajouter, sont rassemblés dans un écrit intitulé : *Dénonciation de déni de justice, et récusation*, adressé, comme cette requête, et pour en développer les conclusions, à S. E. le procureur général de la Haute Cour, et à MM. tenant la Cour de cassation. La substance de cette dénonciation, que nous allons faire connaître, suffirait pour convaincre ceux qui n'auraient pas le temps ou le courage de la lire.

Mais ceux qui la liront, et surtout ceux qui, pour la juger, croiront ne pouvoir s'en dispenser, voudront bien faire grâce à sa longueur et aux rédondances du style fastidieux des procès, inévitables quand on parle des mauvaises procédures ; ils voudront bien aussi prendre en considération le travail excessif et la fatigue de M. Selves, qui en même temps, il ose le dire, qu'il a rempli avec distinction, de l'aveu même des ennemis qu'il a la gloire de s'être faits, des fonctions judiciaires pendant trente-cinq années, et surtout depuis vingt ans, des fonctions tantôt de président, tantôt de juge criminel, a fait plus de deux mille pages, non pas de commentaires, mais au contraire de recherches et de découvertes d'excès dans l'ordre judiciaire, dont la plupart ont été depuis long-temps utiles et au trésor public, et aux justiciables, et au perfectionnement des lois, et contre ceux qui les éludent à leur profit.

Car, sans compter une foule de travaux précédens, manuscrits et imprimés, il a publié, depuis dix ans, cinq ouvrages qu'il est essentiel de rappeler, surtout pour faire voir que les vengeances sont si injustes, qu'elles n'ont pour cause que le courage et l'opiniâtreté dans la recherche et la publication des excès; et parce que, lorsqu'on pousse contre eux si loin les persécutions, les exposans ne doivent rien négliger de ce qui peut prouver qu'ils sont persécutés, pour n'être pas coupables, envers leurs nombreux enfans et envers eux-mêmes, d'une trop excessive modération, qu'ils conserveront néanmoins tant qu'ils pourront, parce qu'il est des égards dont il ne faut se dispenser qu'à la dernière extrémité.

Ces cinq ouvrages, tous connus, et même quatre déjà imprimés pendant les dix dernières années que M. Selves était juge, ont pour titre :

Le premier, *Résultat de l'expérience contre le Jury français.*

Le second, *Projet d'Ordre judiciaire*, fondé sur la nécessité d'arrêter les excès, et sans cesse élaboré dans les ouvrages suivans :

Le troisième, *Explication de l'origine et du Secret du vrai Jury.*

Le quatrième, *la Mort aux Procès.*

Le cinquième, *Tableau des Désordres dans l'administration de la Justice, et des Moyens d'y remédier :* ce dernier, quoiqu'il n'ait été imprimé et publié qu'en 1812, était si bien connu et annoncé avant 1811, lorsque M. Selves cessa d'être juge, que déjà le manuscrit en avait été envoyé à M. Portalis, alors conseiller d'état et chef de la censure imperiale, sur la demande qu'il en fit à M. Selves de la part de S. M., par une lettre du 24 août 1810; ce sont des incidens suscités sourdement par la puissance infinie des suppôts du palais qui en ont retardé l'impression.

Car cette puissance a bien su, aujourd'hui même que ce dernier ouvrage est publié et hautement approuvé par la censure et par les sages, et parce qu'elle en redoute le succès infaillible, donner une preuve nouvelle de ses moyens, pour tenter de faire divaguer l'opinion publique; il est encore très-utile de rapporter ici cet événement.

Le *Journal de l'Empire*, justement étonné des faits qui sont cités dans cet ouvrage, pour les apprécier et en rendre compte au public, en a chargé un de ses collaborateurs que nous ne connaissons pas, mais que nous savons n'être pas le sieur Malte-Brun. Ce journal a commencé de dire, dans sa feuille du 4 août, qu'il conseillait aux inculpés de donner des explications sur les faits, s'ils ne voulaient pas perdre la confiance publique. M. Selves a applaudi secrètement à ce conseil, qui seul rend les faits indubitables dès qu'on n'y répond pas, et parce qu'il est impossible d'y répondre en les contestant, puisque déjà des autorités compétentes en ont vérifié plusieurs des plus révoltans, en invitant quelques-uns des principaux malfaiteurs à donner des preuves contraires, et qui ont déclaré ne pas en avoir;

en sorte que déjà il y a silence de leur part et à peu près aveu.

Qu'a-t-on alors imaginé dans l'impossibilité de nier les faits ? On a, d'un côté, fait les menaces les plus violentes à des collaborateurs de journaux, s'ils faisaient connaître avantageusement l'ouvrage. On a cherché à en séduire quelqu'un qui se chargeât de vilipender et calomnier d'abord l'auteur, en disant, pour faire entendre que c'est lui qui se venge, qu'il n'écrit sur les excès dans l'administration de la justice que depuis qu'il n'est plus juge ; quoiqu'il n'ait cessé d'être juge qu'en 1811, que ses ouvrages remontent à dix ans, et que le manuscrit du dernier ait été demandé par M. Portalis, de l'ordre de Sa Majesté, et à lui envoyé.

Puis on a fait dire que c'était mal de la part d'un homme du métier de crier contre la multitude des procès et des exactions ; que c'était des déclamations indiscrètes ; comme si, lorsqu'on étudie les lois et qu'on est jurisconsulte ou juge, on avait juré d'être discret au point de garder le secret sur les horreurs qui foulent les lois ; on a ajouté que c'était encourager, exaspérer des idées qui, quoique généralement reçues, sont fausses, et que la multitude des procès est un résultat inévitable d'une haute civilisation, comme les modes frivoles, les athénées, les coteries littéraires, les journaux, les spectacles.

C'est quand il n'était chargé, selon la police intérieure des journaux, que de faire un article sur un recueil de lois et d'arrêts de

M. Sirey, qu'un collaborateur insensé du *Journal de l'Empire* a entrepris d'office, dans la feuille du 24 août, de faire ainsi une excursion sur les ouvrages de M. Selves, en calomniant l'auteur et en injuriant, se moquant du public, jusqu'à dire, comme on voit, que les idées sur les maux des procès généralement reçues ne sont pas moins fausses, et qu'il a osé ainsi contrarier ce que le même journal avait déjà dit le 4 août, et anticiper sur ce que doit dire le collaborateur spécialement chargé, par la sagesse du chef rédacteur de ce journal, de méditer les mêmes ouvrages, et en rendre un compte exact à tant de millions d'hommes de l'empire, tous si intéressés à connaître et faire cesser les maux des procès, et ce collaborateur téméraire est le sieur Malte-Brun.

En sorte que, selon le sieur Malte-Brun, il est impolitique, pour perfectionner les lois et les faire servir de plus en plus de modèle aux étrangers, de publier des faits arrivés dans les procès, qui montrent comment et par où les passions des suppôts du palais savent les éluder et faire protéger leur inconduite, et, selon le sieur Malte-Brun, il faut se taire et souffrir les procès comme un mal inévitable qu'il est indiscret de vouloir faire cesser.

Et cela, quoiqu'il soit démontré mathématiquement par les ouvrages de M. Selves que les neuf dixièmes des procès n'existent que par malice, par cupidité, et sont un chancre dévorant, une peste continuelle, que les membres de la société en général ne supportent qu'en enrageant, se désespérant, se suicidant quelquefois.

Mais le Sr Malte-Brun veut que l'on compare ces maux forcés des procès aux modes frivoles, aux athénées, aux journaux, aux spectacles, qu'on adopte volontairement par luxe, pour s'amuser, chanter et rire.

Il ne veut pas qu'on montre les excès et le besoin d'y remédier, quand le remède proposé pour détruire la plus grande partie du mal, rendre insensible celle qu'on ne peut éviter, et donner le repos à tant de Français, n'exige que de déclarer que les suppôts du palais ne doivent plus faire corporation, d'en isoler les membres qui, dans tout l'empire, ne sont pas au nombre de vingt mille, qui puissent en cela craindre de grandes pertes; de changer les formes de leurs fonctions qui font crier tout le monde, pour leur faire suivre la forme si simple qui se pratique dans le tribunal régulateur qui ne donne lieu à aucune plainte.

En sorte encore que, selon le sieur Malte-Brun, d'après ses principes, il serait indiscret, il ne serait pas permis à ceux qu'on ruine et qu'on anéantit par les procès, de s'en plaindre, de crier, quoiqu'ils ne fassent qu'invoquer le secours des lois; par exemple:

Il faudrait empêcher de pleurer et forcer à rire les mineurs, les veuves, les orphelins et autres, quand on vend, malgré eux, aux criées leurs immeubles pour les dévorer par les frais, et que les corporations des suppôts obligent ceux de leurs membres honnêtes à refuser leur ministère lorsqu'ils pourraient faire ordonner la vente paisible devant notaire, et quand partie des juges n'osent pas faire cesser cette tyrannie, et que les autres la protégent; car il faut bien se figurer que M. Selves n'a pas entendu, comme il l'a souvent expliqué, inculper en général les gens de justice, mais seulement les meneurs, avides d'autorité, d'arbitraire et passionnés, qu'il y a parmi les suppôts qui agissent, parmi les juges qui protégent, et qui tous abusant de la faiblesse d'une minorité intelligente qui est parmi eux, et qui n'a pas assez de force pour faire valoir la raison, et séduisant, pour être en majorité, le nombre qui leur est nécessaire, parmi les insoucians et les lâches qui forment, dans tous les corps, ce qu'on peut appeler le ventre, produisent les iniquités, et maîtrisent tout, quoique ces meneurs soient les moins nombreux.

Du reste, qu'on lise bien les écrits de M. Selves, et on verra si ce ne sont pas toujours les choses, les actions, les faits, les corporations, les cabales qu'il attaque; et s'il n'observe pas toujours de ne pas nommer des individus; car, quand il se le permet, ce n'est que parce qu'il est forcé de repousser devant la justice même quelque méchanceté. Les choses, les faits, voilà ce qui l'occupe, et non pas les personnes.

Les créanciers, selon le sieur Malte-Brun, quand on leur souffle des copies, qu'on ressuscite ou suppose des créances à leur préjudice, et qu'on les force souvent à faire faillite, ne pourraient plus se plaindre sans indiscrétion.

Il faudrait aussi empêcher les cris des autres justiciables, quand on fait contre eux des fourberies de toute espèce; quand, par exemple, on fait ou suppose faites quatre-vingts requêtes, lorsqu'une seule est permise, et cent, deux cents, et mille copies pour une seule notification qui a coûté quelquefois jusqu'à des 100,000 fr.; quand, avec un procès, on en fait dix, en traitant chaque procès, chaque incident, comme un procès nouveau et ordinaire, tandis que les trois quarts doivent être sommaires, et presque toujours ne coûter qu'un droit fixe de 7 fr. 50 cent., qui graduellement ne peut excéder 60 fr.; et tandis qu'un seul procès ordinaire, par ses frais arbitraires indéfinis, détruit souvent une famille aisée, et quelquefois dévore une grosse fortune en causant toujours des pertes de temps et des soucis désolans; puisque encore une fois, le sieur Malte-Brun prétend qu'il faut regarder les procès comme les modes, les journaux, les spectacles et autres frivolités, et en rire.

Voilà le parti que le sieur Malte-Brun indique pour repousser les vérités et le remède sérieux et infaillible que M. Selves propose; voilà par quelles folles idées le sieur Malte-Brun veut changer l'opinion publique, consoler les justiciables, et remplacer les idées qu'il convient être généralement reçues sur les maux des procès, et prouver qu'elles ne sont pas moins fausses, et que M. Selves a tort de parler des excès et de vouloir les guérir.

Cette extravagance, à laquelle le sieur Malte-Brun s'est prêté, dès qu'elle est la seule réponse qu'on ose faire, ne démontre-t-elle pas seule qu'il n'y a rien de solide à répondre.

Et qu'on ne dise pas que rien ne prouve que nous avons tort d'insinuer que ce sont les suppôts du palais qui poussent quelques journalistes aux calomnies contre M. Selves, et aux divagations contre ses ouvrages ; car le sieur Malte-Brun, dans le méchant épisode que nous venons de relever, a parlé aussi d'une fable injurieuse de vingt-deux procès prétendus faits et perdus par les exposans, qu'un homme du palais fit insérer dans la feuille de la *Gazette de France*, du 4 février dernier, et que la feuille du 9 du même mois redressa bien vite ; il est si vrai que ce fut un homme du palais qui alla porter cette fable à cette gazette, que le rédacteur nous l'a avoué, et à plusieurs personnes respectables, en désirant d'être dispensé d'en faire connaître le nom ; mais il le donnerait s'il y était forcé, et si l'on osait contester que toutes ces injures sont des vengeances et des méchancetés de la cabale du palais.

Ce qu'il y a surtout de plus affligeant, c'est que, lorsque les exposans ont fait leurs plaintes de ces offenses si nuisibles, même par écrit, aux juges et à la Cour impériale, ainsi qu'ils le firent lors de cette histoire de la *Gazette de France*, ils ont toujours trouvé la même force d'inertie, et les juges ont fait semblant de ne pas entendre, comme s'ils voulaient encourager, par l'impunité, à de nouvelles injures.

Tout cela était nécessaire à dire ici, tant

pour notre cause que pour l'intérêt public, et pour faire connaître jusqu'à quelle immoralité le sieur Malte-Brun a furtivement fait oublier le *Journal de l'Empire*, quand il n'existe, comme ses bons rédacteurs le prouvent, que pour entretenir les saines opinions, la pureté des mœurs, la tranquillité publique, et l'honneur des lois et de la nation. Si M. Selves a dédaigné jusqu'ici de faire punir ce calomniateur, comme il le ferait pourtant s'il se permettait quelque nouvel écart, il ne convient pas moins que le gouvernement le connaisse et le traite comme il le mérite.

Tout cela aussi, comme il est aisé de le sentir, se réunit à prouver que ce sont des hommes du palais qui provoquent les calomnies et toute espèce d'oppression contre les exposans, outre qu'il ne faudrait que considérer qu'ils sont les seuls intéressés à calomnier pour le croire.

Enfin, entre mille autres preuves, il faut dire encore que l'insensé Malte-Brun, dans une lettre par lui insérée dans la feuille du 9 septembre courant, pour défendre les avoués, a porté son aveuglement, sa maladresse, jusqu'à dire que pour faire un procès à M. Selves, des avoués avaient eu la lâcheté de lui offrir gratis leur ministère, c'est-à-dire que c'est assez pour eux du lucre de persécuter les exposans, quand les exposans ne trouvent presque jamais un avoué pour les défendre, et que, lorsqu'ils en ont trouvé, plusieurs ont abusé de la partialité des juges contre les exposans, pour se faire payer des mémoires de mille louis, et se faire donner des gratifications.

Quel sera l'incrédule qui, par cette seule feuille du journal du 8 septembre, ne sera pas convaincu de la fureur et de la rage des gens du palais de Paris, pour faire des procès et ruiner, vilipender les exposans, jusqu'à la perfidie de les appeler *processifs*, et de la nécessité de leur donner des juges hors du ressort de Paris.

Revenons à la dénonciation dont nous voulons indiquer la substance; sa marche est tout à fait simple.

Après un court préambule, elle fait observer que les hommes-juges peuvent oublier leurs devoirs, puisque les lois anciennes et nouvelles l'ont cru, en établissant contre eux des règles et des peines : *Litem facit suam judex, si per fraudem, per gratiam, per inimicitiam, aut sordes, aut dolo malo egerit.* Ce langage de la loi romaine, au titre 40, *de Judiciis*, a fourni l'esprit de toutes les lois suivantes, et du titre de la prise à partie du Code nouveau.

Cette dénonciation explique les motifs du retard des exposans à adopter un parti aussi sérieux que la prise à partie, et l'impossibilité de la différer plus long-temps.

Ces motifs du retard ont été les travaux d'utilité publique commencés par M. Selves, et qu'il a eu la générosité et le désintéressement de vouloir finir, en supportant les pillages, avant de s'occuper de ses ennemis et de lui-même. L'espoir déçu et qu'il avait, en allant, quand il l'a pu lui-même, aux audiences, de dessiller, dissiper les préventions, désarmer les passions, par l'évidence et la honte des persécutions; enfin, la privation des pièces dont les exposans avaient besoin pour les produire à l'appui de la demande, et que depuis trois ans ils n'ont pas pu avoir encore en leur pouvoir, mais seulement en dépôt chez un notaire, parce que neuf arrêts ont voulu, ce que jamais personne dans le monde n'a cru juste, que les exposans fissent décharge pure et définitive de toutes les pièces dont les avoués sont comptables, sans qu'il leur soit permis de compter celles qu'ils reçoivent.

C'est ensuite par les mauvais traitemens continuels contre les exposans, qui vont sans cesse croissant, que la dénonciation explique l'impossibilité de retarder plus long-temps la prise à partie, dont ils seraient dispensés depuis long-temps, si des personnages du plus haut rang ne leur avaient fait refuser un passeport, et la permission d'aller se faire naturaliser dans un autre empire, pour éviter d'être écrasés, comme ils le seraient infailliblement s'ils restaient en France, et si M. Selves reculait et cessait de combattre; refus qui fut fait à M. Selves, en lui disant, avec bonté, qu'il était plus utile au gouvernement par ses ouvrages, que le gouvernement ne lui était utile à lui-même; qu'il ne devait rien craindre, et qu'il serait en sûreté et protégé, comme il ne doute pas qu'il l'eût été, si des circonstances n'eussent éloigné ces personnages, et si d'autres n'étaient devenus des protecteurs aveugles et paresseux des malfaiteurs que M. Selves n'a cessé de démasquer.

La dénonciation démontre, ensuite, que déjà l'inimitié contre M. Selves prit naissance dès la nouvelle organisation de l'an 8, lorsque M. Selves fut chargé du rapport général, pour rédiger la liste des candidats, sur laquelle les huissers et les avoués devaient être choisis, et du rapport sur la fameuse querelle interminable des avoués avec les notaires, qui fut alors noyée dans la nomination d'une commission, qu'un président routinier, oncle d'avoué, qu'on a cru avoir fait tant de bien et qui fit tant de mal, ne voulut jamais assembler; querelle qu'on a crue terminée par le nouveau Code, par les soins particuliers de Sa Majesté elle-même, et que des perfidies n'ont rendue que plus sérieuse.

Les découvertes que M. Selves fit alors, et qu'il fut forcé de recueillir par devoir; que des besoins du gouvernement ont souvent consultées; que des recommandations ont forcé à continuer; qui ont en partie servi lors des Codes, n'ont pu, comme on pense, quand on connaît le mauvais côté du cœur humain, que produire des vengeances, comme ensuite les ouvrages de M. Selves, à mesure qu'ils ont été imprimés et publiés, n'ont pu que les augmenter, et allumer d'autres passions et surtout la colère qui oppriment les exposans, et que M. Selves, en continuant, n'a pas moins méprisées, quand tant d'autres auraient quitté prise, se seraient mis à l'abri des pillages, et auraient accepté les capitulations lucratives qu'il a repoussées, comme il repoussa si souvent tant d'autres offres honteuses qui lui étaient faites, comme il a dédaigné aussi de calculer sur la vente de ses ouvrages, en distribuant gratuitement la plus grande partie, en empruntant sans cesse pour les payer, et désaltérer les avoués; quand, comme conseils de tout le monde, ils n'ont pas pu empêcher les exposans de trouver des prêteurs, ce qu'ils ont fait aussi souvent qu'ils l'ont pu, et font encore, en disant qu'ils veulent qu'ils restent débiteurs, pour les exproprier, et achever de les anéantir.

Aussi, il n'y a pas d'indignation pareille à celle qui est dans son cœur, quand il voit que des hommes, qui n'ont pas hésité de vendre ou donner la justice, et quand ils n'ont jamais osé articuler le moindre soupçon sur l'austérité de M. Selves durant ses fonctions, le vilipendent vaguement, en disant qu'il est processif, parce que depuis les vengeances, on n'a cessé de lui susciter des procès, et quand, suivant des attestations de deux Cours d'appel, où il a le plus grand nombre de ses biens, son nom n'avait jamais été auparavant entendu dans les tribunaux.

La dénonciation borne enfin à trois occasions principales, celles qui ont été saisies par les oppresseurs pour ruiner et vilipender les exposans.

La *première* occasion fut saisie déjà lorsqu'à la fin de l'an 8, et en l'an 9, les exposans voulurent recouvrer une hypothèque considérable sur une maison, et que les diligences d'expropriation furent commencées.

Il faut voir dans la dénonciation comment, pendant ces diligences, la maison fut clandestinement vendue à vil prix à un insolvable, la notification soufflée pour éviter la surenchère, et faire tomber les frais de l'expropriation sur les exposans; comment elle a été revendue; et deux ordres des prix des deux ventes ont été faits avec des incidens sans fin, qui ont dévoré deux fois la valeur de la maison.

Comment un traître, avoué des exposans, après un premier ordre entre les créanciers du premier vendeur, a traîné encore tous ces créanciers dans le second ordre pour tripler les frais par des droits de copie. Comment, lorsque cet avoué a été révoqué, et que les créanciers ont fait déclarer ces frais frustratoires, par un arrêt de 1807, contre les exposans, sauf leur recours, et quand les exposans l'ont exercé, un autre arrêt de février 1811 les a seulement qualifiés prétendus frustratoires pour les laisser pour le compte des exposans, c'est-à-dire que l'inimitié contre M. Selves les a déclarés frustratoires quand les exposans ont dû les payer, comme responsables de ce qui était fait en leur nom par leur avoué, et la faveur pour les avoués les a fait regarder comme non frustratoires quand les exposans ont voulu les faire retomber sur l'avoué.

Comment, lors de la première vente, un avoué, non pas celui de l'insolvable acquéreur, mais celui du débiteur, se chargea, quoique cela ne le regardât pas, de faire la notification, la remit, avec les copies, au débiteur lui-même qui alla chez son huissier les faire signer, mena le clerc dîner chez Martin, restaurateur, rue Saint-Jacques-la-Boucherie, et se fit remettre par ce clerc et prit les copies qui auraient dû être remises aux créanciers.

Comment, lorsque ce faux de la notification de la première vente fut dénoncé, instruit, et prouvé par l'aveu même de l'huissier et du clerc, et que l'acquéreur, le débiteur et l'huissier, furent mis en accusation, sur six juges il y en eut cinq qui se vendirent, et prononcèrent, par arrêt du 22 brumaire an 11, l'impunité du faux, et allèrent le lendemain dîner chez l'un des accusés, et avec eux, lorsqu'ils venaient de les acquitter, et avec des femmes avec lesquelles certains juges ont eu les liaisons les plus scandaleuses, en continuant les orgies et les protections pendant long-temps, et dont le hasard, outre la notoriété, nous a procuré des preuves écrites que nous avons sous cachet, pour les produire lorsqu'elles pourront se lier aux autres éclaircissemens que la procédure même qui est au greffe, et que les coupables, et des témoins s'il le faut, pourront donner.

Comment, et avec quelle pitié, mêlée pourtant d'indignation, quel ménagement, quelle lenteur M. Selves s'est conduit pour éviter un deuil à la magistrature, espérant que les coupables, dont certains lui ont avoué à lui-même leur crapule, répareraient le mal et se corrigeraient. Comment encore, quand ils ne se sont pas corrigés, il a hésité à porter une plainte, l'a portée d'abord sans bruit, a voulu laisser à l'instruction le soin d'indiquer les coupables; comment on a éludé de l'instruire et fait semblant, pendant des années, de ne pas l'entendre; comment on a osé reprocher vaguement que les coupables n'étaient pas nommés, et avec quelle douleur les exposans, ainsi forcés, ont commencé d'en nommer un qui est M. Thuriot, et pourquoi ils ont nommé plutôt celui-là qu'un autre.

Comment les diverses requêtes, expliquant les faits, réitérant les plaintes, ont été laissées sans réponse : comment encore, lors d'un arrêt du 6 mai 1811, relatif à une cause entre un avoué traître et les exposans, une plainte réitérée sur cette crapule et plusieurs autres faits, remise à M. le nouveau procureur général, qui l'a transmise à M. l'avocat général Joubert qui porta la parole, fut laissée de côté, sans en dire un seul mot dans sa plaidoirie; comment l'arrêt aussi, rédigé et prononcé par M. le président Agier, garda le silence, tandis que les conclusions insérées dans ses qualités demandaient acte de la plainte, et que l'instruction aurait dû être requise et ordonnée, si, d'un côté, l'avocat général et les juges avaient eu le courage de faire leur devoir, et si les lois les plus salutaires n'étaient des chimères quand il s'agit des exposans et des vengeances contre eux pour les accabler toujours par toute la force de la plus odieuse inertie, lorsqu'on ne pourrait se dispenser de faire quelque chose pour eux, tandis qu'on agit avec la plus grande activité lorsqu'on voit la moindre ruse, le moindre prétexte, qui peuvent servir à les condamner : nous avons trop de douleur en faisant l'analyse de cette première occasion, pour ne pas nous presser de passer à la suivante.

La *seconde* occasion saisie pour ruiner les exposans s'est presentée, lorsque voyant l'enlèvement de la maison hypothéquée, les exposans furent forcés de recourir sur le prix des biens ruraux de leur débiteur.

Aussitôt un avoué de Paris, nommé Bourdon, fait former, dans son cabinet, un complot entre deux anciens créanciers et le débiteur de ressusciter deux créances, l'une de 15,000 fr., l'autre de 98,900 fr., et de supposer qu'elles étaient dues encore quoiqu'elles fussent éteintes.

Cet avoué de Paris court, avec le débiteur, à Melun où l'ordre du prix des biens se faisait ; ils vont chez un autre avoué appelé Nancey, qui jusque-là, selon divers jugemens produits, avait occupé pour le débiteur, et qui se charga cependant d'occuper pour le plus fort des deux créanciers, et de demander, d'accord avec le débiteur qui était aussi son client et qui avait jusques-là plaidé avec ce soidisant créancier, la collocation de la somme de 98,900 fr., pour emporter avec les frais les 103,000 du prix des biens ruraux.

Cet avoué Nancey, qui tint ainsi les deux mains, est beau-frère et commensal, et loge sous le même toit que le sieur Loisel, procureur impérial, chez lequel, quand il était homme de loi et conseil, l'élection de domicile, dans l'inscription qui est produite de cette créance ressuscitée, avait été faite ; il recevait en conséquence les copies signifiées chez lui, et les remettait à l'avoué son beau-frère.

Mais, quoique recusable par ces motifs, et quand il aurait dû empêcher son beau-frère d'occuper pour le prétendu créancier après avoir occupé pour le débiteur, il ne manqua pas de conclure et de faire adopter, par son influence, la collocation de la créance, tandis que des énonciations, dans divers actes que les exposans invoquaient, annonçaient qu'elle était éteinte.

La dénonciation indique aussi avec quelle ardeur cet avoué de Melun, et son beau-frère le procureur impérial, qui n'a compris que six ans après qu'il devait se récuser, ont secondé les vengeances des avoués de Paris et les secondent encore, ont influencé quatre ou cinq juges dans toutes les suites des procédures qu'ils ont suscitées à Melun contre les exposans. Si, comme les exposans craignent d'y être forcés, ils font un écrit particulier des mauvaises actions de Melun, et de l'ineptie continuelle mêlée à la malice, ce sera encore une pièce bien curieuse et bien affligeante.

Sans répéter ce qui est dit dans la dénonciation, il faut y voir ce qui se passa ensuite sur l'appel, et comment cette somme de 98,940 fr. fut enlevée pour être partagée, en donnant 20,000 fr. à l'avoué de Paris, 40 au débiteur, et les autres 40 au prétendu créancier qui, dans les actes clandestins, en avait délégué 3600 fr. à l'autre faux créancier de 15,000 fr., dont on soutenait aussi la créance vraie pour enlever le reste du prix de la maison, si les frais ne l'avaient pas dévoré et au-delà.

Mais il faut voir aussi dans la dénonciation, comment, après avoir traité les exposans de calomniateurs lorsqu'ils disaient que ces créances étaient éteintes et ressuscitées, comment, après cet enlèvement du prix des biens ruraux, les jactances, les indiscrétions, les mésintelligences dans le partage, achevèrent de dévoiler la supposition, la résurrection des créances, et ont couvert de honte et convaincu d'imposture ceux qui avaient inculpé les exposans de calomnie, et comment ils se sont trouvés calomniateurs eux-mêmes.

Comment une plainte fit trouver tous les titres d'extinction et libération chez le faux créancier de 15,000 fr. qui en convint, et récita, dans un interrogatoire qui sera produit, le complot de ressusciter les deux créances, fait dans le cabinet de l'avoué Bourdon, et comment il fut obligé de consentir que sa créance de 15,000 fût déclarée fausse, et de rembourser les frais obtenus en son nom en la demandant mal à propos.

Comment, de son côté, l'avoué Bourdon craignant la descente chez lui du magistrat, qui aurait saisi et enlevé l'écrit que les expoposans soutenaient contenir l'extinction de la créance de 98,340 fr., avoua aussi, dans un interrogatoire produit, que cet écrit avait été toujours, et était encore chez lui, tandis qu'il en avait nié l'existence pendant le procès, et soutenu qu'il avait été détruit : comment il le fit disparaître dans la nuit, et, au lieu de le porter le lendemain au magistrat, prétendit l'avoir envoyé à sa partie, qui a dit à son tour, comme de raison, ne l'avoir pas reçu pour faire croire qu'il était perdu.

Il faut voir comment en jugeant cette procédure on n'a pas cru pouvoir ordonner la restitution, et on s'est borné à déclarer seulement, ce qui suffit pourtant pour convaincre les hommes honnêtes de la fourberie, que l'avoué, le prétendu créancier et le débiteur, avaient avancé des faits blâmables et répréhensibles, employé des dissimulations et des mensonges, en compensant néanmoins les dépens du criminel, et en laissant ainsi un procès de dol civil à poursuivre pour la restitution, et que les exposans se sont bien gardés d'engager devant les mêmes juges, après les traitemens qui les mettent si évidemment dans la nécessité d'en demander de nouveaux.

Il faut voir dans la dénonciation comment, lorsque les exposans ont voulu au moins faire diminuer la collocation des 98,340 fr., par une erreur de compte résultant de la simple comparaison de deux arrêts, et qu'ils avaient obtenu à Melun une permission de faire une saisie-arrêt, M. le président Agier empêcha, à une audience, M. Selves d'articuler un seul mot, quand il ne s'y présentait pour défendre qu'à cause des menaces et du mal que les avoués avaient faits à l'estimable avocat des exposans, qui avait été forcé à leur écrire qu'il ne pouvait pas continuer de les servir, que les avoués faisaient corps contre eux, les faisaient écouter défavorablement par les juges, qu'il y avait un *tolle insensé* qui gagnait par simultation, qu'il avait assez lutté contre la prévention, et comment M. Agier, sans permettre à M. Selves de donner cette explication ni de dire un seul mot, intercepta la défense des exposans, et fit main-levée de la saisie sans entendre, tandis qu'en définitif, par un arrêt du 16 août 1808, il a été forcé lui-même, grâce à un juge nouveau qui lut les pièces, de prononcer une restitution de 14,000 fr.

Mais cet arrêt, en même temps, s'est oublié jusqu'à accorder tous les dépens, et 50 fr. de plus à titre de dommages applicables en faveur de la partie qui ne les demandait qu'applicables aux hospices, parce qu'on juge les exposans, et surtout M. Agier quand il rédige les arrêts, sans lire même les conclusions. Cet arrêt se permit aussi d'ordonner l'affiche, en disant vaguement que les exposans avaient injurié les avoués et les magistrats, lorsqu'ils avaient dit seulement, avec vérité, qu'on ne lisait pas.

Cet arrêt offensant n'est pas encore signifié depuis quatre ans qu'il est rendu, pour conserver le droit de le faire rétracter par requête civile, infaillible, d'après l'ultra petita et l'interception de défense, parce qu'il aurait fallu aller devant ces mêmes juges prévenus et hautement injustes, et que les exposans ont voulu et dû attendre d'en avoir d'autres ailleurs comme ils le demandent aujourd'hui.

Ceux qui voudront en savoir davantage sur la seconde occasion trouveront encore des détails non moins surprenans dans la dénonciation. Nous passons à la troisième et dernière.

La *troisième* occasion est encore bien pire que tout ce qu'on a vu.

Dans celle-ci, les ennemis se sont hardiment montrés eux-mêmes sans avoir besoin de cliens ; et les concussions, les interceptions de défense, les impunités, les persécutions, les dénis de justice, les actes d'inertie, s'y montrent comme un déluge.

La dénonciation explique que les exposans voulurent recouvrer une seconde hypothèque considérable, en faisant encore une expropriation pour se mettre à l'abri d'être expropriés eux-mêmes, pour les frais des deux précédentes fourberies qui leur avaient fait perdre une hypothèque sur un autre débiteur, en enlevant une maison par une notification soufflée et impunie par cinq juges prévaricateurs et crapuleux, et en ressuscitant deux hypothèques éteintes pour enlever le prix des biens ruraux.

Mais pour entraver encore ce recouvrement et dévorer toujours les exposans, un troisième complot plus diabolique fut formé, et qui fut de faire, ou supposer faites, des écritures et des frais énormes, et surtout *quatre-vingts requêtes* par quatre avoués, pour dire tous la même chose et injustement que les exposans demandaient trop tôt leur hypothèque, et qu'ils auraient dû auparavant faire déclarer le titre exécutoire contre un prétendu acquéreur de l'immeuble hypothéqué.

Lorsque les exposans virent que cette manœuvre allait coûter peut-être 20 ou 24,000 fr. de frais, M. Selves s'était empressé de prendre le parti le plus sage, d'écrire au syndic des avoués d'arrêter, par la discipline ou autrement, ce débordement de concussions et toutes les suites, pour éviter d'autres plaintes ailleurs; et certainement, tous les impartiaux applaudiront à cette sagesse de M. Selves qui va au-devant des contestations, et qui invoque la discipline des avoués eux-mêmes.

Mais il faut voir dans la dénonciation quelle fut, le 9 nivose an 13, la réponse arrogante, menaçante, de ce syndic à M. Selves, en lui disant que c'était de la part d'un magistrat donner un mauvais exemple que de faire de pareilles plaintes; que s'il continuait il ne serait pas écouté, pas même probablement de la Cour, et qu'il fallait attendre les taxes, c'est-à-dire laisser continuer les écritures des concussions si extravagantes; on y voit aussi comment ce syndic a prophétisé, dans sa menace, que les exposans, dans aucune plainte contre les avoués, ne seraient pas écoutés; et comment, dès ce moment, le parti fut pris par la corporation de cribler encore plus les exposans par des procès, de forcer l'avoué qui occupait pour eux à les trahir, et à ne donner d'autre défense que celle qui aurait été vue et approuvée par la chambre des avoués, c'est-à-dire que depuis, quand il a fallu se battre avec ces messieurs, par leur tyrannie, à laquelle on est soumis parce qu'on ne peut rien faire sans conclusions signées d'eux, ils ont commencé par garrotter les mains des exposans, et puis par moquerie, et avec succès, ils ont appelé M. Selves processif.

Et en effet, c'est être très-processif que de se plaindre et vouloir s'opposer à ce que l'on continue l'excès porté à quatre-vingts requêtes, et à toutes les écritures accessoires, dans une question préliminaire où il n'en fallait qu'une; c'est être processif et bien inquiet quand on éprouve une si atroce persécution, que de ne pas suivre le conseil du sieur Malte-Brun sur les maux des procès, et de ne pas danser.

Il faut voir comment, à son tour, la Cour impériale, en lui demandant d'arrêter cet excès, rendit un premier arrêt, le 26 floréal an 13, qui dit comme la lettre du syndic des avoués qu'il faut attendre les taxes, et qui par-là, selon les menaces du syndic, commence à prouver qu'elle n'écoutera pas.

Comment, depuis cet arrêt rendu il y a sept ans, il a été impossible, par mille plaintes verbales, manuscrites, imprimées, d'être écouté, et de faire finir surtout la taxe de l'atroce avoué poursuivant, qui, pour sa part sur les quatre-vingts requêtes, en a fait ou supposé trente, et qui, croyant qu'il en obtiendrait les frais sans en justifier l'existence, ne fit que des copies pour faire des grosses après coup, s'il ne pouvoit s'en dispenser, mais qui s'est trouvé pris, parce que M. Selves, lorsqu'on lui annonça l'existence des copies des quatre-vingts requêtes, eut le bon esprit de demander à les voir, et de retenir ces copies: ce qui fait que celui qui en a demandé trente ne peut alors ni faire supprimer, ni se faire prêter ces copies par l'avoué des exposans, pour grossoyer après coup les originaux, ni fabriquer les grosses, en y copiant l'Apocalypse ou les journaux, dans la crainte de la comparaison avec les copies que M. Selves a retenues.

Ce n'est sans doute qu'après la mort de M. Selves, que cet avoué, ou ses descendans, tourmenteraient les nombreux enfans des exposans; car les avoués, tant qu'ils prétendent avoir quelque chose à demander, sont aux aguets éternellement contre les races présentes et futures, pour saisir le moment surtout où ils espèrent pouvoir obtenir sans défense.

Il faut voir aussi comment, lorsque les avoués ont voulu poursuivre une infinité d'autres taxes, l'avoué, leur confrère, chargé de servir les exposans, les a hautement trahis, en refusant de régler leur défense, même de remplir les formalités de son ministère forcé dans les délais fatals; comment il a causé, déjà en l'an 13, quatre arrêts datés de messidor, thermidor et fructidor, qui déclarent les exposans non recevables à se plaindre des taxes, faute d'avoir fait remplir, par leur avoué, au greffe, dans trois jours, ce que la loi dit que l'avoué doit faire.

Comment cet avoué, appelé Boudard, a dédaigné, s'est moqué des plaintes adressées par les exposans à M. le procureur général et à la Cour; comment, entre autres injonctions à lui faites, il a formellement désobéi à un arrêt sur requête du 12 messidor, qui lui enjoignait de prêter son ministère; comment les juges ont laissé cette désobéissance, à leur arrêt même, impunie, et comment cet avoué a eu l'audace de continuer, de refuser son ministère, en disant, à la vérité, que la chambre des avoués l'en empêchait, et qu'il s'en était plaint à M. le procureur général, qui écrivit en effet aux exposans que Boudard disait que leur défense lui donnait des désagrémens; comme si c'était là une excuse, et si cela ne démontre pas de plus en plus la tyrannie et la suprême puissance de cette corporation, et comme si M. le procureur général n'aurait pas pu, avec moins de faiblesse, faire cesser ce refus.

Comment ce même arrêt, sur requête en messidor, refuse, sans donner de motif, d'enjoindre aux huissiers de signer les significations des exposans, et ajourne à cet égard.

Comment M. Selves fut forcé d'aller sur l'audience, lors de l'arrêt du 2 fructidor an 13, faire enjoindre à l'avoué Boudard, toujours désobéissant, de signer les conclusions des exposans, et comment cet arrêt, sur les vives plaintes de M. Selves à l'audience, crut ne pouvoir se dispenser d'ordonner que M. Selves remettrait au parquet la dénonciation de ses griefs contre les avoués, et qu'il remit en effet.

Mais comment encore, à cet égard, il a éprouvé le plus formel déni de justice, et la force d'inertie la plus répréhensible, surtout de la part de M. Mourre, alors procureur général, et de M. le premier président Séguier; car M. Mourre écrivit seulement le 10 nivose an 4 à M. Selves, pour le prier de passer au parquet, sans dire qu'il eût reçu la dénonciation, et puis verbalement il déclara à M. Selves que les faits, quoique vrais, étaient trop graves; qu'il en avait fait part surtout à M. le premier président, et qu'il avait été dit que l'on n'en accuserait pas même la réception; et, depuis sept ans, toutes les plaintes imaginables, même imprimées, n'ont pas pu faire faire le moindre mouvement en avant. Tout cela n'a t-il pas vérifié le pronostic audacieux du syndic des avoués, que si M. Selves continuait ses plaintes contre les avoués, il ne serait pas écouté. De quel droit les juges, et surtout MM. Mourre et Séguier, se sont-ils dispensés de faire profiter les exposans du bénéfice des lois qu'ils sont chargés d'appliquer ?

On voit aussi, dans cette dénonciation, comment, lorsque M. Selves, pendant ces méchancetés de l'appeler surtout processif en lui faisant des procès, et en parlant de sa fortune, a produit des attestations de deux Cours d'appel, suivant lesquelles, quoiqu'il ait dans leur ressort des biens plus nombreux que dans celui de Paris, on n'a jamais entendu son nom dans aucun procès, et comment les biens formant la partie de sa fortune qui est près Paris depuis long-temps, et qui ne consistent que dans deux domaines nationaux, achetés l'un 103,000 f. l'autre 90,000 fr., que les exposans espéraient payer avec les deux créances, ont été payés, au contraire, par des emprunts justifiés par des actes notariés et des comptes de banque, et comment, s'ils n'avaient pas été sages, et si la valeur des biens n'avait pas doublé depuis douze ans, ils auraient été plusieurs fois expropriés.

Mais comment aussi, lorsqu'il serait difficile à qui que ce soit de mieux justifier qu'il n'a jamais été processif, et de rendre un meilleur compte de sa fortune, et de donner des meilleures preuves de désintéressement, et d'opiniâtreté au travail pour la chose publique, on a été et on est encore sourd, parce qu'on est passionné, et jusqu'à quel point on continue les persécutions.

Comment particulièrement plusieurs juges se sont conduits en faveur des avoués, et surtout M. Séguier, qui après avoir décerné un exécutoire contre M. Selves, pour des dépens auxquels il n'était pas condamné, a eu la légèreté de ne pas corriger cette erreur reconnue, et en a laissé continuer les ruineux progrès, lorsque pendant deux ans M. Selves lui a fait les plus honnêtes prévenances qu'il ne lui devait pas; comment au contraire M. Séguier, qui fit en 1807 cette faute, a donné lieu, en ne la corrigeant pas, à divers procès, et notamment à un jugement et un arrêt en 1809, qui ont coûté surtout au trésor public peut-être plus de 6000 fr., et des pertes de temps, des inquiétudes sans nombre.

Comment encore, entre autres actes de partialité et d'inimitié, M. Séguier a accordé une permission de saisir à Boudard, avoué des exposans, pour 1470 francs prétendus liquidés, et comment il ne s'est pas encore empressé de réparer cette faute, quand on lui a montré les quittances de 10,732 francs reçus par cet avoué, qui s'appliquaient d'abord à la prétendue créance liquide demandée, et comment il l'a éludé, en prétendant qu'il fallait plutôt, contre le vœu de la loi, liquider ce qui n'était pas liquide, pour satisfaire la malice de laisser subsister la saisie.

Comment il a sans cesse évité d'assembler la Cour, depuis l'an 13, sur les différentes demandes et requêtes, et comment encore, le 19 juillet 1812, il a pris du greffe une requête qui n'y est pas rentrée.

Comment l'avoué de première instance des exposans, appelé Arrault, choisi par Boudard, leur avoué d'appel, a voulu avoir 24,000 f. environ pour un mémoire de frais, et, après un simple avis d'un autre avoué, a obtenu condamnation prononcée par le président Lebeau, gendre d'avoué, et comment presque sur l'instant, en appel, M. le président Agier a confirmé cette énorme condamnation, sans pouvoir obtenir ni un rapporteur, ni l'examen par un juge, ni de faire ouvrir un seul dossier pour voir les concussions, les pièces fabriquées après coup, les pièces allouées qui n'existent pas, et comment il a fallu par force payer, sans pouvoir compter les pièces remises par cet avoué, et sans avoir pu même encore être écouté sur quelques articles dont on l'a défié de montrer les pièces devant le notaire où a été faite la décharge qui constate que rien ne justifie un article d'environ 5000 fr. de papier timbré, porté sous prétexte d'affiche et d'impression dont la minute ni les quittances n'existent pas.

Comment, à son tour, l'avoué Boudard d'appel a voulu avoir mille louis, sur un mémoire de frais si extravagant que ses confrères même n'ont pu s'empêcher de le réduire, au premier coup d'œil, à environ 11,000 fr., et qu'ils auraient dû réduire à moins de 6; car, sur quelques indications vagues, Boudard lui-même s'est encore désisté de vingt-quatre articles que ses confrères lui avaient alloués.

Comment cet avoué, en exerçant des poursuites, a fait dire tout ce que lui et les avoués ont voulu, dans un arrêt du 6 mai 1811, jusqu'à prétendre qu'il était suffisant que son registre de recette, que la loi donne le droit de vérifier, fût représenté à l'avoué du client, et non pas au client lui-même, et jusqu'à lui accorder 600 fr. de gratification, comme s'il avait bien servi les exposans, quand il les a si ouvertement trahis; quand cet avoué et sa corporation avaient proposé une capitulation notoire de faire quittance gratuite, si M. Selves voulait recevoir les pièces sans compter, et en disant qu'ils étaient sûrs de le faire ordonner et de le faire payer s'il refusait, comme cela est arrivé, en faisant même ordonner l'affiche de cet arrêt du 6 mai 1811, qui dit que les notes pour se défendre, auxquelles les exposans sont réduits, sont injurieuses aux avoués et aux magistrats, quand elles ne font que retracer des vérités nécessaires, et constatées par l'arrêt lui-même, qui porte plusieurs suppressions successives d'articles que les avoués avaient passés sans pièces.

Comment cet avoué a soutenu aussi qu'il fallait lui faire décharge pure et définitive des pièces dont il est comptable.

Comment un arrêt très-contradictoire de la chambre des vacations, rendu le 24 octobre par des juges nouveaux, avait cru ne pouvoir s'empêcher de dire, ainsi que tous les hommes impartiaux le diraient, que les exposans ont le droit de vérifier, constater la nature et la quotité des pièces qu'ils recevaient; comment, lorsque cette chambre soutient que cet arrêt est contradictoire, et Boudard lui-même en est convenu, en se désistant de son opposition aux qualités pour l'expédition, M. Agier au contraire, et sa section, ont démoli cet arrêt comme s'il était par défaut, et ont graduellement, par neuf arrêts, jugé définitivement que M. Selves n'avait pas le droit de compter, ni faire coter et parapher les pièces, mais seulement en faire la vérification, sans vouloir expliquer ce que c'est que vérifier, et si en vérifiant on n'a pas le droit de faire constater ce qu'on voit.

Comment M. Agier a supprimé, de l'un de ces neuf arrêts, le droit de coter et parapher les pièces en présence de l'avoué en les recevant, comme il l'avait prononcé devant le public, et comment il a souffert que, dans des actes, et des requêtes à lui présentées par l'avoué des exposans, qui a eu cette fois assez de courage, il lui reprochât cette suppression qu'il avait promis de réparer, promesse que M. Agier a ensuite éludée par un autre arrêt, qui a dit vaguement que c'était reproduire la question jugée; l'on y voit en même temps expliqués les causes et l'intérêt des juges eux-mêmes à ordonner les décharges sans compter, parce qu'on ne veut pas que l'on constate l'état des dossiers sur lesquels il a été demandé des frais et signé des taxes par des juges, sans rien voir, sans s'assurer de l'existence des pièces.

Comment M. Agier, lors de ces neuf arrêts, par sa fanatique prévention contre les exposans, renforcée par son fanatisme religieux, par son humeur et son inimitié contre M. Selves, oubliant la dignité judiciaire, que M. Selves a si gravement conservée devant lui, jusques dans les moindres expressions, s'est livré à des persiflages, des coqs-à-l'âne, des moqueries, des réponses saugrenues, injurieuses même, envers M. Selves, et comment son neveu, qui n'était devenu substitut que la veille, et son beau-frère, devenu depuis peu de jours greffier en chef, ont à leur tour imité M. le président; et comment le substitut a dit des injures à M. Selves, à une audience, et le greffier a refusé de constater la remise et le dépôt d'un acte; comment alors les huissiers ont refusé de lui en faire la réquisition.

Ici, une réflexion seule forcerait à éloigner les exposans de la Cour impériale de Paris : il ne faudrait que savoir que l'arrêt rendu par la chambre des vacations, le 24 octobre, après plaidoirie de l'avoué Boudard le 17, qui avait tout dit et était censé avoir défendu à toutes fins, est évidemment contradictoire ; car cet arrêt rendu le 24, en continuant la cause, et qui ne donne pas défaut, n'a été attaqué et rétracté, en disant qu'il était par défaut, qu'à l'égard de M. Selves, et non pas à l'égard de la dame Selves, héritière bénéficiaire de sa sœur.

En sorte que pour la dame Selves il reste jugé, par cet arrêt de la chambre présidée par M. Gilbert des Voisins, que les exposans ont le droit de compter et constater la nature et la quotité des pièces, et que Boudard doit recevoir, à cette condition, les offres à lui faites devant notaire, et une saisie par lui faite au préjudice de ces offres demeure annulée avec dépens.

Tandis que, par le barbouillage et la malice des neuf arrêts rendus par la chambre de M. Agier, qui a deux fois affiché les exposans pour n'avoir dit que des vérités nécessaires, il est jugé qu'il faut faire décharge sans compter; ce qui fait qu'il y a, au moins pour la dame Selves, une contrariété d'arrêts évidente rendus par la même Cour, et défense interceptée; car, lors de cet arrêt du 24 octobre, quoique juste sur le principal point, comme la dénonciation l'explique, il fut impossible d'obtenir qu'il fût enjoint à un avoué de signer une addition nécessaire aux conclusions des exposans, parce que l'avoué des exposans était à cent lieues, et cependant l'arrêt dit qu'il était présent; de son côté, M. Agier, lors des neuf arrêts, a refusé une infinité de fois d'enjoindre, sur l'audience, à l'avoué des exposans d'ajouter à leurs conclusions.

Il peut donc y avoir requête civile par ces moyens, et selon la loi il faudrait revenir devant les mêmes juges; mais, quelle des deux chambres en connaîtrait? Quel président? Serait-ce M. Agier, ou M. Gilbert? Chacun voudrait aller devant la chambre qui lui a été favorable. Il y a donc, outre la suspicion légitime, une sorte de conflit entre les deux chambres de la Cour, dans lequel aucune ne peut avoir la préférence. Il faut donc nécessairement renvoyer dans une autre Cour impériale; car, pour ne pas faire courir le délai de la requête civile, la dame Selves n'a pas encore fait expédier l'arrêt du 24 octobre, qui lui est favorable, et que l'on aura pourtant sous les yeux, parce qu'il est rapporté littéralement dans l'arrêt du 3 décembre, rendu avec M. Selves seul. On y voit même le dol personnel, le faux d'y avoir dit que l'avoué des exposans y était présent, lorsqu'il était à cent lieues, et tandis que les exposans demandèrent, à cause de cette absence, qu'il leur fût donné un autre avoué. Cette absence, ainsi que l'omission de la constater faite à dessein, sont si vraies, que dans un autre arrêt du même jour, dont il va être parlé, pareille omission avait été faite, et n'a été réparée que par force.

On voit, en effet, aussi dans cette dénonciation, un autre arrêt, du même jour 24 octobre, auquel donnèrent lieu trois avoués, du nombre desquels était encore celui des exposans, appelé Boudard. Ils ont enlevé du greffe les minutes de trois déclarations de dépens prétendus liquidés, montant à plus de 6,000 fr., contre les exposans, quoiqu'ils ne le soient pas, et qu'on a fait allouer en bloc dans trois états d'appel, par M. Letellier d'Urtrelle, qui a signé ces états en janvier 1810, pour prendre des exécutoires, sans rien voir, et qui s'est exposé formellement à la prise à partie, en allouant des frais pour des pièces qui n'existent pas. On voit dans la dénonciation, comment M. le jeune substitut Deschones a soutenu et fait juger que l'un des avoués avait raison de dire qu'il avait pu soustraire l'une de ces déclarations, quoiqu'elles soient des minutes du greffe, et qu'on n'avait pas le droit de le forcer à la rétablir, lors même que les exposans sont poursuivis par d'autres avoués pour payer d'après ces déclarations ce qu'ils disent leur appartenir.

Tout cela, comme la dénonciation le calcule et démontre, a produit depuis dix ans plus de 400,000 francs de pillage contre les exposans.

On en verra bien davantage dans cette dénonciation, si l'on a le courage de la lire; car il faut finir et dire que cette dénonciation existe principalement pour faire voir dans quel labyrinthe inextricable la rage des vengeances et des meneurs démasqués a plongé les exposans, en leur suscitant des procès et portant la perfidie jusqu'à appeler M. Selves processif, et quand d'après tant de preuves contraires, il aurait pu répéter ce qu'un avocat général de la Cour de cassation a dit dans une occasion, que c'est un brigandage organisé contre les exposans.

Mais, malgré leur intérêt à tout dire, les exposans ont laissé de côté une infinité de faits. Ils n'ont pas dit ce qui s'est passé, sous prétexte de dix milliers de plant, prétendus pris dans une forêt, estimé 40 f. Par cela seul qu'on répondit que les pièces prouvaient que loin qu'il eût été pris en avril 1807, la permission pour le prendre et l'indication du lieu n'étaient que du 27 mars 1808, et avait été trop tardive et inutile, aussitôt à gros frais, avec un faux procès-verbal, l'on a saisi tous les fermages des exposans, l'on a fait des inscriptions hypothécaires sur leurs biens, pour les 40 fr., et un tas de procédures qui a coûté plus de 2,000 fr., sans qu'ils aient pu même s'inscrire en faux incident, parce que, quand on l'a demandé, on a prétendu qu'il n'existait qu'un incident d'incompétence; et puis, quand on a cru que le fond restait à juger, on a prononcé que tout avait été jugé dans l'incident.

On n'a pas raconté une infinité d'autres vilenies journalières qui se passent au palais, de la part des suppôts, jusqu'à faire craindre aux libraires qui y sont, que s'ils étalent un seul des ouvrages de M. Selves, les agens du palais ne leur acheteront plus rien; et si quelqu'un y demande quelqu'un de ses ouvrages, il ne peut l'avoir qu'en cachette.

Il y aurait bien d'autres persécutions, une autre inertie bien plus blâmable à dévoiler, mais la décence ne permet pas de tout dire.

S'il était possible que les magistrats de la

Haute Cour ne trouvassent pas qu'il y a, dans ce que nous avons dit, non pas un seul, mais tous les moyens indiqués par la loi pour la prise à partie, et dont chacun serait seul suffisant, tels surtout que le déni de justice constaté par deux réquisitions, les concussions ouvertement pratiquées et protégées par les juges, la violation ouverte, la rébellion envers les lois qui rendent les juges responsables ;

Si la Cour de cassation ne sentait pas qu'il y a aussi, dans tout cela et à chaque ligne, des motifs de suspicion légitime contre la Cour impériale de Paris, ce qui nous dispense de les résumer ici ;

Si les uns et les autres pouvaient penser que les demandes en prise à partie et en renvoi devant une autre Cour, ne sont pas fondées dans l'espèce actuelle plus qu'elles ne l'ont été ni ne le seront jamais, et que les exposans ne doivent pas avoir d'autres juges que ceux du ressort de Paris ;

Alors ils ne resterait aux exposans, pour se soustraire à la continuation de leur ruine et des persécutions, qu'à demander la permission de sortir de l'empire, pour trouver ailleurs une tranquillité qu'ils n'ont perdue que par l'excès auquel M. Selves a porté l'amour du travail et des lois, et ses observations pour en procurer l'exécution et le salut à ses semblables, et parce qu'il aurait eu trop de déférence pour les recommandations suprêmes qui l'ont invité à faire ses travaux ;

Il ne leur resterait qu'à s'adresser au plus grand des Monarques, et lui dire :

SIRE,

J. B. Selves, son épouse, et six familles de leurs nombreux enfans, sont persécutés, et en proie aux vengeances et aux pillages de cette puissance qui fit tant de mal aux peuples et aux souverains, et qui est celle des suppôts de la justice, et des juges qui les protégent, *per fas et nefas*, parce que M. Selves a eu le courage de les démasquer, et de montrer les offenses faites chaque jour à la justice et aux lois de Votre Majesté elle-même; parce qu'aussi il a par divers ouvrages, que son état, son devoir et des invitations de plusieurs grands personnages l'ont excité à faire, en lui disant même que Votre Majesté en était instruite, indiqué un remède pour prévenir les neuf dixièmes des procès, et rendre insensibles ceux inévitables; remède si infaillible que les sages en sont convaincus, et les méchans n'ont pu faire aucune objection contraire.

Mais les méchans, pour se venger, disent à M. Selves ce que les Juifs disaient au Christ: Tu veux sauver les autres, sauve-toi toi-même; et ils l'ont accablé et son épouse par les procès les plus inattendus, et qu'il leur est si facile de susciter quand ils s'entendent, tels surtout que souffler des copies, supposer des créances, faire ou supposer des écritures sans fin. Ils leur ont pillé ou fait piller depuis dix ans tous leurs revenus, les ont forcés à des emprunts, les empêchent même tant qu'ils peuvent de trouver des prêteurs, en disant qu'ils veulent les exproprier et achever de les dévorer.

Les meneurs, quoiqu'en petit nombre, qui se trouvent parmi les juges, loin de les mettre en sûreté selon les lois, restent dans l'inertie à leur égard, sans rompre le silence, que lorsqu'ils peuvent satisfaire leur inimitié contre eux.

Cet état des choses les force à supplier Votre Majesté de se faire rendre le compte le plus prompt de leur situation. Les hommes les plus compétens pour ce compte sont MM. les trois procureurs généraux de Votre Majesté du palais de Paris.

S'ils étaient assez malheureux pour qu'on ne s'occupât pas deux, ou qu'on pensât qu'ils ne le méritent pas, ils se mettent aux pieds de Votre Majesté, et la supplient de leur donner la permission de sortir de l'empire, et d'aller se faire naturaliser dans un autre état; ils y pleureront sans cesse, en rappelant que, malgré les longs et pénibles services de M. Selves, et leur vif amour pour le plus grand souverain et ses lois, et parce que M. Selves l'a trop prouvé, ils n'ont pu avoir la tranquillité nécessaire pour vivre sur la meilleure terre et sous le plus beau règne, ils n'en solliciteront pas moins le ciel d'en augmenter toujours la prospérité.

Mais les magistrats de la Haute Cour, ainsi que la Cour de cassation, leur épargneront cette douleur mortelle par leur courageuse justice.

Toutes les pièces énoncées pour preuves

sont recueillies dans un inventaire commun aux deux Cours, et y seront produites toutes les fois qu'il sera nécessaire.

Dans cet état de choses, vu les lois citées et le titre de la prise à partie du Code nouveau, les exposans concluent à ce qu'il plaise

A S. E. M. le procureur général de la Haute Cour, recevoir la présente requête, en donner acte, en faire accuser la réception par le greffier, et l'admettre ou faire admettre, ou remplir telle formalité qu'elle avisera pour tenir lieu d'admission, si la Haute Cour ne peut s'assembler, et donner avis aussi de la réception à MM. les procureurs généraux de la Cour de cassation et de la Cour impériale de Paris, pour leur faire connaître la récusation qui doit en être la suite, et pour ensuite être statué, ainsi qu'il appartiendra, sur le fond de la prise à partie;

Qu'il plaise aussi à la Cour de cassation de désigner une autre Cour impériale que celle de Paris, pour la connaissance des contestations suscitées aux exposans, et dont l'énumération sera faite dans un état particulier et justifié. En le faisant ainsi, ce sera suivre l'exacte justice, et faire même un exemple et un bien général.

Signé SELVES et ROMET.

DE L'IMPRIMERIE DE CELLOT,
RUE DES GRANDS-AUGUSTINS, N° 9.

DÉNONCIATION

DE DÉNI DE JUSTICE,

ET RÉCUSATION,

PAR M. ET Mme SELVES,

CONTRE LA COUR IMPÉRIALE DE PARIS,

A Son Excellence le Comte REGNAUD DE SAINT-JEAN D'ANGÉLY, Procureur général de la Haute Cour Impériale ;

Et à Messieurs tenant la Cour de Cassation.

> Les lois siégent avant les magistrats, dont toutes les fonctions se bornent à les appliquer.
>
> *Sciant judices se jus dicere, non jus dare.*
>
> BACON, Serm. de fid. chap. LIV.

A PARIS,

DE L'IMPRIMERIE DE CELLOT,

RUE DES GRANDS-AUGUSTINS, N°. 9.

1812.

DÉNONCIATION
DE DÉNI DE JUSTICE,
ET RÉCUSATION,
PAR M. ET Mme SELVES,
CONTRE LA COUR IMPÉRIALE DE PARIS.

JEAN-BAPTISTE SELVES, ex-Législateur, ancien Magistrat, et FÉLICITÉ ROMET, son épouse, domiciliés à Paris, Vieille rue du Temple, n°. 145,

Avec tout le respect qui est dû à la magistrature, exposent ce qui suit :

Cette dénonciation a un double objet. Elle tend d'abord, selon les articles 508 et 509 du Code de procédure, à exercer devant la Haute Cour impériale la prise à partie qui est autorisée, lorsqu'on a constaté un déni formel de justice, en faisant inutilement, comme les exposans l'ont fait à une Cour impériale, deux réquisitions par huissier, en la personne du greffier, de répondre les requêtes qu'on lui a présentées, et à obtenir que la Cour impériale s'abtienne de la connaissance de toutes les causes des exposans, comme cela doit être par suite de ce déni de justice, sans compter une foule d'autres moyens de récusation.

Son second objet est d'obtenir de la Cour de cassation le renvoi devant une autre Cour impériale, parce que c'est à la Cour de cassation qu'appartiennent les réglemens des juges, et les renvois d'une Cour à une autre, par suspicion, et à plus forte raison, par suite des récusations.

Les exposans, d'après le déni de justice et autres moyens de récusation, avaient aussi rédigé un acte de récusation, auquel, pour prouver d'autant plus leur respect envers les vrais magistrats, ils avaient en même temps donné la forme de requête adressée à la Cour impériale, afin qu'elle reconnût elle-même qu'elle devait se récuser.

Mais l'oppression continuelle qui les accable leur a fait éprouver le refus du greffier, d'en recevoir et constater le dépôt, et les huissiers de la Cour, à leur tour, ont refusé de signifier au greffier un exploit qui en contenait la réquisition.

Réservons le petit détail de ce nouvel événement pour le faire en son lieu, et présentons avec ordre notre narration si importante, en recommandant à nos lecteurs de se souvenir que notre but est surtout de démontrer qu'il y a vengeance, prévention, oppression, contre les exposans depuis dix ans et plus, et qu'il faut que cela finisse.

Les lois de tous les temps, convaincues de la faiblesse des hommes de tous les rangs, ont cru, indépendamment des autres circonstances qui peuvent rendre les juges récusables, qu'il était malheureusement possible que des juges, même des tribunaux et des cours, oubliassent leur devoir par fraude, par faveur, par inimitié, par crapule, par dol.

Elles ont trouvé indispensable de tracer des règles contre ce malheur, devenu bien plus croyable depuis le relâchement causé par notre révolution.

Cette opinion uniforme de toutes les lois est prouvée, en lisant les titres de la récusation et de la prise à partie de notre Code nouveau, et en remontant à la loi 40 du titre des jugemens dans le digeste romain, qui explique les cas où le juge peut être pris à partie, et devient récusable et responsable: *Litem*, dit-elle, *facit suam judex*, *si per fraudem*, *gratiam*, *inimicitiam*, *aut sordes*, *aut dolo malo egerit.*

Cette première observation est faite pour exciter l'attention de ceux qui auraient douté qu'un tel mal soit possible, et qui n'auraient pas imaginé que la loi, qui est la raison générale en se fondant sur le cœur humain, a été forcée de le prévoir; et pour les inviter à en écouter froidement des preuves journalières, les plus étonnantes qui aient jamais existé.

Car les exposans ne viennent pas articuler seulement un écart momentané qu'il pourrait être permis de se borner à blâmer et à oublier.

Ce ne sont pas non plus des iniquités qu'on pourrait dire ne pas être des moyens de récusation dont ils viennent se plaindre.

Mais c'est d'une série continuelle de persécutions, d'interceptions de défense, de condamnations sans entendre, sans lire, de dénis de justice froidement commis, et tels qu'on dirait que les exposans sont hors la loi.

Depuis dix ans, et surtout depuis l'an 13, malgré la violence toujours croissante du mal, les exposans ont différé de proposer dans toutes les formes, une demande en récusation, contre des juges du ressort, et contre la Cour d'appel de Paris, devenue Cour impériale.

Les motifs de ce retard doivent être expliqués.

M. Selves a été plus pressé, il ose et il doit le dire, de servir la chose publique, que de se servir lui-même, et de combattre la foule de ses ennemis, dont il s'honore autant qu'il les dédaigne.

Il a voulu plutôt terminer divers ouvrages, et surtout *le Tableau des désordres dans l'Administration de la Justice, et des moyens d'y remédier*, qu'il vient de faire imprimer et publier, après l'approbation et les éloges de la censure impériale, et dont le principal but est d'éteindre les neuf dixièmes des procès, et de rendre l'autre dixième, qu'on ne peut éviter, presque impossible; et qui ne peut manquer, avec le temps, d'être adopté par le gouvernement, comme il l'a été déjà par les savans et les sages qui en ont pris connaissance. Il faut aussi ne pas être étonné s'il a allumé contre lui l'inimitié de la plupart de ceux qui vivent de procès.

Il en a remis un exemplaire au greffe de la Cour impériale, le samedi 9 juillet dernier, avec une requête que Me Carré, greffier, a remis de suite à M. le premier président, qu'il est très-important que la Cour connaisse dans tous ses détails, et qui annonçait l'autre requête dont le greffier a refusé de constater le dépôt.

Les exposans ont demandé à Me Carré cette requête avec la réponse. Il a dit que depuis qu'il l'avait remise il n'en avait plus entendu parler. Pourquoi M. le premier président n'a-t-il pas répondu ou fait répondre cette requête, et ne l'a-t-il pas rendue au greffe avec le volume qui y est attaché ?

Un second motif du retard était que M. Selves espérait qu'en allant lui-même pendant quelque temps aux audiences, exposer la vérité, il parviendrait à la faire connaître, à déconcerter ceux qui la blessent sans cesse, à les confondre, à paralyser les vengeances, dissiper les préventions, calmer l'humeur, désarmer la colère.

Mais, peine inutile ! la résistance, l'énergie, le courage, sur lesquels pourtant on ne comptait pas, et dont on a été étonné, sans calculer qu'ils peuvent être et seront éternels, et que la persévérance les fera triompher, n'ont fait qu'irriter l'amour-propre, augmenter l'aveuglement et les vexations atroces dont les exposans sont victimes, avec leurs nombreux enfans et leurs nombreuses familles.

La violence en est devenue si insupportable, qu'ils seraient obligés de déserter l'empire, et de demander la permission d'aller se faire naturaliser ailleurs, s'ils ne parvenaient à obtenir l'exécution des lois, contre lesquelles ils sont forcés de prouver qu'il y a rébellion ouverte pour les ruiner, les vilipender, leur nuire sous tous les rapports.

Et cela arrive uniquement parce que, chargé par devoir, invité par des recommandations respectables qu'il fera connaître en temps et lieu, s'il le faut, M. Selves, depuis douze ans et plus, démasque hautement et sans rien craindre ceux qui ne songent qu'à faire des procès, qui foulent audacieusement les lois selon leur intérêt et leurs passions, et ceux qui ouvertement les protégent, tandis qu'ils sont tous préposés, assermentés et payés pour en assurer la vigueur.

Enfin, un autre motif était que les avoués de première instance et d'appel à Paris, dont les exposans ont été forcés d'employer le ministère pour leur défense, ont fini par se liguer avec leur chambre et leur corporation, par trahir, persécuter eux-mêmes les exposans.

Et quand les exposans ont voulu le prouver par les pièces même que ces avoués devaient leur remettre, ils les en ont constamment privés; parce qu'ils ont prétendu et fait juger, et surtout leur avoué sur l'appel, chose inouie! que les exposans devaient faire décharge pure, simple et définitive des pièces dont les avoués sont comptables envers eux, sans qu'il fût permis aux exposans de les compter en les recevant.

Ce n'est que depuis le 2 juillet dernier 1812, après trois ans de contestations là-dessus, et cinq arrêts qui ont persévéré à dire que les exposans ne pouvaient pas compter les pièces dont ils feraient décharge, qu'ils ont pu, non pas posséder, mais voir les pièces, en prenant le parti d'exécuter les arrêts comme forcés et contraints, et en les laissant en dépôt chez le notaire où la décharge a été faite, afin qu'on ne dise pas qu'ils les ont changées, diminuées ou altérées, et en les faisant compter et parapher par le notaire, quand l'avoué qui les a portées a eu requis et obtenu sa décharge forcée, sans vouloir rester au compte ni à la clôture du procès-verbal, et après que cet avoué s'est empressé de se retirer.

Mais les exposans promettent aussi à cet avoué de le forcer, en temps et lieu, à les compter avec eux et à les compléter, quand cet exemple, plus nécessaire encore à l'ordre social qu'à leur intérêt, devrait leur coûter tout ce qu'ils possèdent, et leur existence même;

parce que c'est par-là même qu'avoués et juges les empêchent de constater le nombre et l'état des pièces dont ils les forcent à faire décharge générale et définitive, qu'ils veulent démontrer qu'on ne le fait que parce que ces pièces contiennent les preuves des concussions et de l'oppression dont les exposans n'ont cessé de se plaindre.

Ce n'est donc que depuis ce dépôt chez le notaire, du 2 juillet dernier, que les exposans, en voyant les pièces, peuvent connaître et indiquer en partie celles qui devraient y être et qui n'y sont pas, et l'état de celles qui y sont. Ils ont déjà acquis la certitude que non seulement il y manque une infinité de pièces, que plusieurs de celles remises sont incomplètes, que certaines même sont lacérées dans les endroits qui prouvaient des fraudes, que cette lacération prouve encore mieux, mais encore qu'il y a des dossiers soustraits, et ceux là précisément qui sont le plus propres à convaincre, comme les exposans l'avaient toujours soutenu d'avance, que les avoués des exposans, et les autres avoués qui ont plaidé contre eux, ont su se faire passer en taxe, et payer par les exposans des sommes énormes pour prétendus déboursés et droits de pièces illégales, incomplètes, surabondantes, et même de pièces qui n'existaient pas.

Cet objet là seul pour frais, qui est la principale vexation, a coûté aux exposans plus de 150,000 fr., en même temps qu'on leur a fait payer, aussi injustement, plus de 150,000 fr. de capitaux et intérêts; ce qui, avec des faux frais, leur a enlevé peu à peu un total d'environ 400,000 fr., qu'ils n'ont payé qu'avec peine, et par des emprunts la plupart justifiés par des actes notariés et des comptes de banque.

Mais les exposans ont toujours crié que c'étaient des concussions, et n'ont jamais payé un seul article sans protester que c'était comme forcés et contraints.

Car il est bien remarquable qu'aucun paiement, quoiqu'ils soient au nombre de plus de cent, n'a jamais été fait de leur part, depuis dix ans, aux hommes du palais, ni à ceux qui ont été leurs instrumens, sans une protestation de cette espèce, sans dire que ce n'était que vengeance, et sans faire toutes réserves pour le moment où, comme aujourd'hui, les exposans n'auraient plus ni motif de retard, ni ménagemens à garder pour arrêter le mal.

Ces protestations continuelles, répétées dans plus de mille actes, fermeraient la bouche à ceux qui oseraient prétendre que les plaintes des exposans n'ont été imaginées que dans le moment, et qu'ils ne les avaient pas faites et continuées depuis long-temps; elles donneraient aussi seules la certitude du désintéressement qui a fait que les exposans, et surtout M. Selves, ont été moins pressés de s'occuper d'eux-mêmes et de combattre leurs ennemis, que de faire des travaux d'utilité publique, et de la patience et l'espoir qu'ils ont eu de ramener les hommes méchans ou prévenus, à la vérité, à la raison et à l'exécution des lois.

Une autre certitude non moins grande du désintéressement des exposans, de leur prudence en laissant les pièces en dépôt chez le notaire, et en ne faisant jamais des paiemens que par force et avec protestation, c'est la capitulation notoire, et dont la preuve serait très-aisée, que l'avoué, la chambre et la corporation des avoués leur ont proposé de ne pas exiger d'eux ce que l'avoué prétendait lui rester dû, et de leur en faire faire quittance gratuite, s'ils voulaient prendre les pièces et en faire décharge pure, simple et définitive, sans les compter, et sans protestation ni réserve; et cela pour effacer les traces des pillages, et neutraliser les protestations précédentes.

Et, chose plus inouie encore ! c'est que les avoués qui proposaient cette capitulation sont parvenus, selon leur menace, si leur capitulation était refusée, à faire ordonner et répéter, par cinq arrêts, lorsque les exposans n'ont pas cessé de demander des explications, qu'ils devaient faire décharge simple et définitive sans compter, et à leur faire payer tout ce que l'avoué leur demandait, quoique, encore une fois, ils en eussent offert une quittance gratuite, moyennant décharge des pièces sans compter.

Mais, nous le répétons, les œuvres les plus pressantes de M. Selves pour l'intérêt public étant terminées, l'espoir de faire ouvrir les yeux et de se faire entendre par ceux qu'il a démasqués étant perdu, et qui sont précisément ceux qui ont la facilité de se venger et de se faire protéger; la possibilité de voir au moins les pièces étant arrivée, en prenant le parti, au lieu de les recevoir aux conditions ordonnées, de les laisser en dépôt chez le notaire qui en a reçu la décharge sans les compter, le salut des exposans leur commande désormais sans plus attendre, d'employer le remède supérieur que les lois donnent pour éviter les nouveaux piéges, les passions et la puissance inconcevable de ceux qui entourent les juges, et leur ont ôté la froideur nécessaire pour faire bonne justice.

Voici donc les moyens que les exposans sont fondés à employer.

Le premier moyen serait seul trop suffisant pour faire convenir la Cour impériale elle-même qu'elle doit s'abstenir; car aussi il suffit seul pour établir le déni de justice contre la Cour impériale, et la soumettre à l'examen de la Haute Cour.

Il est pris de ce qu'entre autres demandes, les exposans ont présenté trois requêtes à la cour d'appel, les 14 juin, 19 juillet et 10 decembre 1810, et une quatrième requête, le 12 janvier 1811, à la Cour impériale, dans laquelle se trouvent la plupart des juges de la Cour d'appel.

Ils avaient même joint à la requête du 19 juillet sept notes imprimées, qui doivent être encore au greffe, attachées à cette requête, et dont chacune étoit relative à divers procès suscités aux exposans par des avoués.

Ils ne parlent pas, pour abréger, d'une autre requête remise le treize novembre 1810, à M. Try, avocat général, qui devait porter la parole dans un de ces procès, et auquel ils écrivirent pour l'inviter à la lire et à la joindre aux autres au greffe, ignorant si elle y a été remise.

Ces requêtes avaient principalement pour objet de retracer à la Cour les persécutions, les mauvaises actions des avoués, et surtout leurs vengeances, l'interception de la défense des exposans, les manœuvres contre leur avocat pour l'éloigner, prouvées par ses écrits, les perfidies, les piéges qu'ils ont sans cesse tendus et tendent à la Cour, les préventions qu'ils ont excitées et leurs effets, et qui ont mis et mettent les juges qu'ils entourent dans l'impossibilité de rendre bonne justice aux exposans, et leur demandaient de reconnaître la nécessité s'abstenir.

Elles expliquaient que, sans aucun acquiescement à ce qui serait fait, il était juste de défendre aux avoués que les exposans sont forcés d'employer, d'aller communiquer leurs conclusions à leur chambre et à leur corporation qui empêchent de les signer en tout ou en partie, sous prétexte qu'elles sont contraires à leur intérêt, et de leur enjoindre au contraire de les signer, parce que, jusqu'à ce que les exposans auront d'autres juges, ils doivent prouver, avant d'être jugés, qu'ils ne sont pas sans défense, et éviter l'expiration des délais fatals.

Mais ces requêtes sont restées sans réponse : cela est constaté par deux réquisitions de les rendre avec les réponses signifiées, par huissier, au greffier en chef, les 25 janvier et 4 février 1811, dans lesquelles le greffier s'est permis de déclarer deux fois, et a même signé une fois *qu'il n'avait rien à dire.*

Ce n'est pas sans doute le greffier qui a pris sur lui de faire une pareille réponse.

On ne peut s'empêcher de croire que c'est après avoir communiqué ces réquisitions, surtout à M. le premier président, auquel les exposans seront encore forcés d'attribuer d'autres torts.

Les requêtes et les copies de ces deux réquisitions, avec les réponses au bas faites par le greffier, doivent être au greffe : elle a par conséquent sous ses yeux les pièces justificatives de ce que nous disons ; mais nous pouvons joindre à la présente dénonciation les originaux des exploits.

Voilà le fait pour ce premier moyen ; voici la loi :

Ce sont les articles 506 et 507 du nouveau Code, qui, en répétant ce qui se trouve dans toutes les lois anciennes, portent qu'il y a déni de justice lorsque les juges refusent de répondre les requêtes, pourvu que ce déni de justice soit constaté par deux réquisitions faites au juge, en la personne du greffier, de huitaine en huitaine, que tout huissier requis est tenu de signifier à peine d'interdiction ; et qu'après ces deux réquisitions, les juges et les Cours peuvent être pris à partie devant la Haute Cour impériale, conformément à l'article 101 des constitutions de l'empire, de floréal an 12.

Il n'est pas au pouvoir des exposans de faire que la Haute Cour s'assemble ; ils font tout ce qu'ils peuvent faire, en adressant leur dénonciation à M. le procureur général de la Haute Cour, ils ne doivent pas souffrir de ce qui ne dépend pas d'eux. Cet état des choses seul prouve que la Cour impériale doit être forcée de s'abstenir, et que les exposans sont fondés à demander à la Cour de cassation d'autres juges.

S'il fallait expliquer les raisons de la loi, quand elle force les juges de répondre les requêtes, et les met en état de déni de justice, lorsqu'ils refusent, si elles ne se faisaient pas assez sentir d'elles-mêmes, et s'il n'était pas trop affligeant de les développer, rien ne serait plus facile.

Les exposans se contentent de répéter avec Bacon, lorsqu'il parle du serment de fidélité des juges, chapitre LIV, que « les lois siégent avant les magistrats, » dont les fonctions se bornent à les appliquer. » *Sciant judices se jus dicere, non jus dare.*

Ainsi, les magistrats ne sont pas les maîtres de faire ou de ne pas faire; ils doivent toujours obéir à la loi et se borner à l'appliquer.

Voilà pourquoi le Code dit, dans les articles cités, que les juges doivent répondre les requêtes; et que s'ils ne le font pas, ils deviennent coupables de déni de justice, et qu'après deux réquisitions ils peuvent être pris à partie, sont responsables, et le procès leur est propre.

Alors aussi, sans doute, ils ne peuvent plus être les juges de ceux au préjudice desquels ils ont commis le refus, et on peut dire la rébellion envers la loi, lorsqu'ils ont souffert les deux réquisitions sans rendre les requêtes avec les réponses.

Quel que soit le but d'une requête, dût-elle conduire à l'échafaud celui qui la présente, rien ne peut excuser les juges qui négligent, dédaignent de la répondre, et qui méprisent même les deux réquisitions que la loi prescrit pour les y forcer.

Ce refus est bien plus étonnant, lorsque les juges, au lieu de répondre les requêtes, qui tendent, ou à ce qu'ils ordonnent que leurs subalternes mettront la défense en règle, ou à ce qu'ils s'abstiennent de juger, laissent les requêtes de côté, et jugent à tort et à travers.

Car déjà deux requêtes avaient été remises au greffe

les 14 juin et 19 juillet 1810; à cette dernière requête étaient attachées sept notes imprimées, avec les observations les plus pressantes, afin que la Cour déclarât qu'elle devait s'abstenir; comme elle aurait dû le faire elle-même, quand les motifs en étaient si notoires.

Au lieu, encore une fois, de repondre ces requêtes, ellles furent, comme les suivantes, laissées de côté.

Entre autres arrêts, pendant que ces requêtes étaient en souffrance, il en fut rendu un le 16 août 1810, prononcé par M. le président Agier: dans cet arrêt, une circonstance empêcha bien de faire perdre aux exposans le procès en entier, parce que M. Chollet, l'un des juges, qui venait d'entrer nouvellement, et n'était pas aveuglé par les préventions, prit les pièces, et trouva qu'il y avait évidence au moins pour faire restituer aux exposans environ 14,000 fr.

Mais l'inimitié contre les exposans l'emporta, on se borna à prononcer en leur faveur sur un seul article, on ne les écouta pas sur les autres, et sous prétexte d'injures dans des notes imprimées, auxquelles la défense des exposans était réduite, la partialité alla jusqu'à accorder à l'adversaire des dommages et intérêts *applicables en sa faveur*, tandis qu'il n'avait pas osé en demander jusqu'au moment du jugement; qu'il ne prît alors que des conclusions sur la barre qui lui furent soufflées, et dans lesquelles il ne demandait même des dommages et intérêts qu'applicables *aux hospices.*

Ainsi cet arrêt, par l'*ultra petita* le plus révoltant, que les juges qui l'ont rendu peuvent y vérifier pour trouver que nous ne disons rien de trop, et qu'ils ne peuvent pas prétendre qu'ils soient calomniés, *appliquèrent à l'adversaire lui-même* les dépens très-considérables, et 50 fr. de plus à titre de dommages, quand il n'en avait demandé qu'applicables *aux hospices.*

Et chose plus aveugle, plus colérique; plus révoltante, c'est que tandis que cet arrêt, par le seul article accordé aux exposans, porte à l'évidence que les exposans, dans leurs notes imprimées, avaient eu raison et besoin de dire que les avoués avaient trompé les premiers juges, et que ceux-ci s'étaient trompés faute de lire, en disant que les précédens jugemens et arrêts n'avaient pas réservé la restitution, l'arrêt, sans réflexion, va jusqu'à supprimer les notes imprimées, jusqu'à dire qu'elles sont injurieuses aux avoués, aux premiers juges et à la magistrature, et ordonne l'affiche, tandis encore une fois que cet arrêt lui-même justifie que ce que les exposans avaient dit était vrai et nécessaire à dire. La Cour a dans son greffe cet arrêt, et nous pouvons en produire désormais l'expédition.

Si les exposans n'ont pas attaqué cet arrêt par requête civile, comme ils y étaient si évidemment fondés par *ultra petita*, c'est parce qu'ils auraient été forcés, et qu'ils n'ont pas voulu revenir devant des juges si positivement prévenus, et qu'il fallait encore avoir ce nouveau procès.

Mais ils n'ont exécuté cet arrêt que comme forcés et contraints, avec toutes réserves, et avec l'espoir bien juste qu'à la fin, et d'après la partialité, la colère, les dénis de justice formels et si évidens, ils obtiendront de l'autorité suprême toute justice, tout relief du temps pour être écoutés par d'autres juges quand ils leur seront donnés, et toute responsabilité contre des actes dictés par un aveuglement si impardonnable, et contre tous ceux qui en sont les auteurs, ou qui les ont favorisés.

C'est aussi ce que les exposans, pour le profit de la prise à partie encourue par la Cour impériale, en ne répondant pas ces requêtes, ne manqueront pas de demander pour leur intérêt, et pour l'exemple, devant les magistrats de la Haute Cour impériale, ou devant toute autre autorité suprême qui pourra en connaître, à suite de la présente dénonciation.

Eh! quel est celui contre lequel les passions se sont exercées et s'exercent encore avec tant de chaleur?

C'est un ancien magistrat, qui l'était encore il n'y a pas quatre jours; qui, depuis près de quarante ans qu'il prit ses grades, avait partagé son temps entre les fonctions de juge comme gradué, et celles d'avocat défenseur, en plaidant surtout devant le parlement de Toulouse : qui traversa la révolution avec tant de calme et de sagesse; qui, pendant vingt ans a fait de la magistrature son état exclusif; qui, loin d'éprouver aucun reproche, y fut distingué si positivement, que ses ennemis même n'ont jamais tenté de dire le contraire, et qui a rempli, non pas par ses talens, parce qu'il ne se flatte pas d'en avoir, mais par ses bonnes intentions, son expérience, aussi bien que tout autre, et mieux que la plupart, tous ses devoirs.

On le force de dire qu'il a particulièrement si bien servi le gouvernement, que loin d'écouter aucune séduction, de manger comme tant d'autres qui jugent encore, chez des plaideurs, des avoués, des huissiers, de leur emprunter, de recevoir des présens, des libéralités de toute espèce, il a eu le courage, non pas d'en être le délateur, mais de le dire à des personnages de première ligne, lorsque, connaissant son désintéressement et son austérité, c'est à lui qu'on s'est adressé pour s'en assurer, en lui faisant un devoir de donner les renseignemens qui étaient à sa connaissance, et qu'il a donnés plusieurs fois, quoiqu'il sentît bien, et qu'il ne manquât pas d'observer que cela augmenterait tôt ou tard le nombre de ses ennemis, qui lui nuiraient, comme cela arrive de toutes les manières.

Mais à son tour, maintenant qu'il est débarrassé, il saura bien, si on l'y force, rendre publics tous ces faits; pour mettre entièrement à découvert l'inimitié qui le persécute, et montrer les lâchetés de tous, même les nommer, parce que la défense de soi-même est de droit naturel, et autorise à faire tout ce qui peut la servir, plutôt que de se laisser écraser; les exposans alors diront, à l'exemple du Monarque, *battre pour battre*, quand on ne peut l'éviter, *il vaut mieux battre qu'être battu.*

C'est aussi ce que les exposans feraient d'hors et déjà dans cet écrit, si les moyens de récusation auxquels il se borne l'exigeaient. Mais pour abréger, cela est réservé à d'autres temps, et à d'autres situations.

Reste que le moyen dont s'agit ici, pris des procédés et du déni de justice qui viennent d'être développés, est si tranchant, qu'il est moralement impossible que la Cour impériale puisse continuer de connaître

2.

des procès qu'on susciste aux exposans, sans pouvoir même dire que ce moyen ne regarde que la Cour d'appel, qui n'est plus.

Car, lors même que la cour impériale n'aurait pas resté composée en majorité de la plupart des juges qui composaient la Cour d'appel, c'est à la Cour impériale que les requêtes présentées à la Cour d'appel demeuraient aussi présentées, et c'est de plus à la Cour impériale elle-même que l'une des quatre requêtes restées sans réponse, celle du 12 janvier 1811, a été directement adressée et remise ; c'est aussi à elle-même, en a personne de son greffier, que les deux réquisitions sans succès de rendre les requêtes répondues ont été faites, les 25 janvier et 4 février 1811, sans compter une infinité d'autres requêtes subséquentes, quelle a encore dédaignées, en condamnant sans entendre.

Les exposans pourraient s'arrêter ici sans autre détail, s'il ne s'agissait que d'établir que la Cour impériale s'est mise dans le cas de la prise à partie, et par suite, dans la nécessité de s'abstenir.

Mais ils ont trop d'intérêt à montrer comment l'on est arrivé à ce degré d'oubli à leur égard ; M. Selves, particulièrement, s'est trop avancé pour servir la chose publique, il serait si dangereux pour lui de reculer, quand il le voudrait, qu'on ne peut se dispenser de retracer rapidement les principales scènes qui ont précédé, accompagné et suivi un déni de justice si formel, si blâmable, si désastreux ; il ne faut rien négliger de ce qui peut en arrêter positivement les suites.

Ce qui est dit dans les requêtes restées sans réponse, et dans les divers ouvrages imprimés et publiés par

M. Selves, et surtout dans le dernier qu'il a déposé au greffe, le 9 juillet courant, dispensent ici de grands détails, et vont simplifier ce qu'il faut dire.

Disons donc avec rapidité que ce fut en l'an 8, et dès l'instant que se fit la nouvelle organisation judiciaire, que se formèrent les premières causes de l'oppression dont il s'agit aujourd'hui.

A mesure que nous indiquerons ces causes, on verra s'accumuler une foule de dénis de justice, ou à mieux dire, un déni de justice continuel, et les violations les plus intrépides des lois qui, par leur texte, rendent dans certains cas les juges personnellement responsables ; car la violation de ces lois, selon les articles cités, est encore un moyen de prise à partie, et à plus forte raison, de récusation.

Ce fut donc en l'an 8 que les motifs d'inimitié et de haine commencèrent contre M Selves.

En deux mots, ils furent causés par la mission particulière qu'on lui donna, lorsqu'il fut pendant quelques mois juge de première instance, de faire le rapport général pour rédiger la liste des candidats sur laquelle les avoués et les huissiers devaient être nommés, et pour la querelle éternelle des avoués avec les notaires, surtout à raison de l'audience des criées, qu'on a cru éteindre lors du nouveau Code, qui n'est devenue depuis que plus sanglante, comme les ouvrages de M. Selves, et surtout le dernier, le démontrent : car M. Selves a été forcé de toutes les manières, depuis les découvertes que cette mission lui fit faire, de continuer ses observations ; et la communication qu'il en donna continuellement aux rédacteurs du nouveau Code, et surtout aux présidens successifs de la section de législation du conseil d'état, comme leur correspondance le prouverait s'il était nécessaire, justifierait encore son opiniâtreté au travail, ses bonnes intentions, et l'utilité qu'elles ont produite.

On se ferait difficilement une idée exacte des passions qui commencèrent dès lors contre lui, et de l'intensité à laquelle elles sont peu à peu parvenues, et qu'il partageait, dans le principe, avec M. Robin, commissaire du gouvernement près ce tribunal, lorsque, d'accord, ils voulaient éloigner les mauvais débris du châtelet et du parlement, rendre aux notaires ce qui leur était dû, et renfermer les avoués dans les limites de leur état; avec quelle chaleur leurs parens, qui faisaient eux-mêmes partie de ces débris, les soutinrent, et surtout les pères, les oncles, les gendres, les beaux-pères, les cousins, les compères des avoués, qui étaient et dont plusieurs sont encore ou présidens ou juges, qui n'avaient pas osé remplir la tâche qui tomba sur M. Selves, que nous avons encore la bonté de ne pas nommer, quoiqu'ils aient sans cesse porté le plus grand préjudice aux exposans, et qui, formant une cabale, ont fait et feraient toujours réussir tout ce qu'ils veulent, et surtout qui firent noyer la querelle des avoués avec les notaires, dans la nomination d'une commission que le premier président, oncle d'avoué, qu'on a cru avoir fait tant de bien au palais, refusa constamment d'assembler. Les écrits publiés par M. Selves disent assez le reste.

Il faudrait bien peu connaître le cœur humain et les manières de l'écritoire du palais, pour mettre en doute si alors il a dû se former une cabale mortelle, ou à mieux dire, si la cabale éternelle des criées ne s'est pas vivement renforcée, et si elle n'a pas dû jurer haine et ruine à tous ceux qui ont voulu et voudront jamais la contrarier, et s'il n'est pas nécessaire de prendre les moyens indiqués par M. Selves, pour déraciner ce mal.

Aussi, comme on va voir, du moment que des occasions de nuire à M. Selves se sont présentées, elles ont été saisies avec l'ardeur la plus impétueuse.

Nous ne retracerons pourtant pas toutes ces occasions, car elles ont été journalières, et le récit en serait infini; nous les réduirons aux premiers faits qui se présenteront à notre plume, et qui ne sont que trop curieux et trop révoltans, et dont chacun justifiera la prise à partie, et la nécessité que les exposans soient éloignés de la cour impériale.

PREMIÈRE OCCASION.

La *première* de ces occasions se présenta lors d'une expropriation que les exposans se virent obligés de faire poursuivre en l'an 9, d'une maison qui leur était hypothéquée pour une créance considérable.

Aussitôt, furtivement, une vente clandestine à vil prix de la maison est concertée par les avoués. Quoique ce fût le devoir de l'acquéreur de faire les notifications aux créanciers, le vendeur débiteur et son avoué s'en chargent, combinent quels sont les créanciers à craindre pour une surenchère, et auxquels il faut souffler les copies de la notification. L'avoué appelé Larroque livre les copies au débiteur; celui-ci va les faire signer à son huissier, appelé Ozanne, qui les remet à son clerc pour les porter. Le clerc va dîner avec le débiteur, chez Martin, restaurateur, rue Saint-Jacques-la-Boucherie, et laisse prendre au débiteur celles des copies qu'il fallait souffler.

La plainte en faux contre la notification est portée, instruite; les faits sont établis, reconnus même par l'huissier et le clerc; la procédure est au greffe. Le vendeur, l'acquéreur, l'huissier sont mis en jugement et aux débats : mais le faux est impuni par arrêt du 22 brumaire an 11, parce que sur six juges, cinq sont séduits et corrompus au point que, le lendemain, ils vont dîner avec les accusés et des femmes chez le débiteur vendeur. Les liaisons les plus scandaleuses et notoires s'ensuivirent, en promettant continuation de protection et amitié.

Quelle scène! Est-elle vraie, ou les exposans sont-ils des calomniateurs? Ah! voilà ce que la justice n'a su, ne saura jamais assez examiner pour son honneur.

C'est bien ici qu'on peut dire que les expressions manquent pour peindre.

On ne peut pas exprimer quels furent la stupeur, l'étourdissement des exposans, et surtout de M. Selves, qui, malgré son expérience et la prévoyance de la loi, croyait des événemens pareils à peu près impossibles, au moins avec tant d'impudeur.

Non, on ne se figurera jamais assez fortement l'indignation, la tristesse qu'une si audacieuse forfaiture porta dans leur âme, qui en est encore troublée.

M. Selves osa faire des représentations secrètes et sévères à certains des juges coupables, qui lui firent l'aveu de leur mauvaise action. Il se borna d'abord à des murmures, pour ne pas mettre en deuil la magistrature, à laquelle il tenait et tiendra toujours.

Il eut pour eux un ménagement qu'ils ne méritaient pas, dans l'espoir qu'ils se corrigeraient pour l'avenir, et contribueraient à réparer le mal qu'ils avaient déjà fait; c'est avec une sage lenteur qu'il les a menacés de s'en plaindre, lorsqu'il les a vus continuer leur pente pour la crapule.

Mais les moyens de douceur, loin de les détourner, n'ont fait qu'encourager leur passion, dans l'espoir d'une impunité continuelle, et obliger les exposans à former hautement leurs plaintes.

On ne se figurerait pas non plus l'adresse avec laquelle on a su empêcher de les écouter, et avec quelle indifférence leurs requêtes ont été laissées de côté; car la requête du 10 décembre 1810, l'une des quatre énoncées dans les deux actes de déni de justice, retraçait encore avec vigueur cette épouvantable forfaiture de cinq juges.

Enfin, de plus, le 20 avril 1811, les exposans remirent au parquet de la Cour impériale une nouvelle plainte.

M. le procureur général de la Cour impériale la transmit à M. Joubert, avocat général, qui portait la parole à la chambre de la Cour impériale présidée par M. Agier, dans une cause entre les exposans et un des principaux avoués qui les persécutent.

Les exposans y demandaient formellement, par leurs conclusions, qu'il leur fût donné acte de cette plainte, et que la cour impériale ordonnât qu'elle serait instruite et poursuivie d'après la compétence appartenant à elle seule.

Mais par une fatalité qui, sans l'évidence des vengeances et des préventions, serait inconcevable, M. l'avocat général Joubert, et à son tour la Cour, ne daignèrent pas même poser la question ni parler de cette plainte et des conclusions y relatives, dans les plaidoiries, ni dans l'arrêt qui fut rendu le 6 mai 1811, sur les demandes de l'avoué.

La colère alla au contraire avec le silence sur la plainte, jusqu'à dire dans cet arrêt, vaguement, que les exposans injuriaient les avoués et la magistrature, et ordonner l'affiche de l'arrêt, en menaçant, sans droit, les exposans du Code pénal s'ils récidivaient.

Nous disons sans droit, parce que la Cour impériale n'a d'autre pouvoir que de faire appliquer le Code pénal par une procédure, et dans la Cour d'assises, lorsqu'il y a conviction d'un crime ou d'un délit contre un justiciable, mais non pas d'en faire d'avance la menace dans ses arrêts, lorsqu'elle juge surtout des intérêts purement civils. Cette menace est un excès de pouvoir, et présente un symptôme de plus de passion contre les exposans.

De quel droit d'ailleurs, encore ici, la Cour refusat-elle de répondre à cette plainte, et d'expliquer si elle devait ou non en donner acte, et ordonner la poursuite ?

N'était-elle pas fondée sur les lois qui autorisent les justiciables à s'en prendre aux juges, lorsque, par faveur, par inimitié, par crapule, par malice, ils s'oublient jusqu'à aller faire des orgies avec des femmes que leur procurent des accusés qu'ils viennent d'acquitter injustement.

C'est l'affaire du plaignant s'il se permet une calomnie, mais c'est donner la thèse pour raison, c'est juger la question par la question que de punir le plaignant, le repousser avant d'avoir vérifié par l'instruction que le fait est calomnieux. Les exposans n'ont jamais redouté que cela arrivât ; ils sont trop certains des preuves, ils s'exposeraient trop en avançant des faits pareils si graves, que ce n'est qu'après les avoir poussés à bout, et quand leur salut l'a exigé, qu'ils ont osé les publier officiellement, et en demander justice.

La véritable probité exige même que de pareils faits ne restent pas inconnus et sans punition, parce qu'il faut toujours prouver que la justice est sur la terre.

Cependant les exposans, comme on la vu, y ont mis le plus grand ménagement ; et tout en racontant le fait, ils voulaient laisser à l'instruction à désigner les coupables.

Mais si quelques juges et un avocat général ont parlé quelquefois de cette forfaiture, surtout à une audience, comme s'ils voulaient justifier verbalement pourquoi on la laissait impunie, quoiqu'ils fussent bien loin eux-mêmes du courage que sa punition exige, ils ont reproché aux exposans leur modération de ne pas nommer ces juges, et de ne pas dire s'ils jugent encore ; ce qui met aujourd'hui les exposans dans la cruelle nécessité d'en nommer quelques-uns, car encore ils ne les nommeront pas tous.

Ils diront donc, avec le plus grand regret, et parce

qu'ils y sont forcés, que l'un des principaux protecteurs et dîneurs, du nombre de ces cinq juges, est M. Thuriot, alors membre de la Cour criminelle, et aujourd'hui avocat général de la Cour de cassation, qui peut expliquer que la première orgie ou dîner, qui fut suivie de plusieurs autres, se fit chez l'un des accusés le lendemain que le faux de la notification de la vente de la maison eût été impuni.

Ce dîneur peut expliquer à côté de quels convives, de quelles femmes il dîna lui-même, quels étaient ceux qui composaient la table; les liaisons, les particularités, les recommandations, les sollicitations qui s'en sont ensuivies continuellement, et surtout de sa part, et s'ensuivent encore en faveur des avoués qui dirigeaient tout, et qui ont comploté et commencé si vigoureusement la ruine des exposans; et c'est parce que M. Thuriot est lié depuis long-temps avec les anciens suppôts du palais, et qu'il les a plus particulièrement aidés que les autres dîneurs, que nous le nommons, quoiqu'il ait paru quelquefois plaindre les exposans sans pourtant cesser de leur nuire.

Il peut dire aussi quelles ont été les liaisons particulières, pendant des années, d'un autre des juges avec une des femmes qui assista au dîner, sœur du débiteur, et dont le hasard nous a fourni des commencemens de preuve par écrit que nous produirons au besoin, ainsi que des témoins, si ce que dira et indiquera M. Thuriot ne suffisait pas.

Nous nous contentons d'ajouter que s'il n'y a pas un homme honnête qui ne sente qu'il doit nous en coûter de divulguer ces faits jusque sous les yeux de la justice, il pensera aussi que personne ne peut nous en blâmer, dès que ce jeu, cette mystisfication contre nous n'a fait qu'augmenter, et dès que notre salut y est attaché, et que nous avons raison et droit de continuer notre plainte, jusqu'à ce que les magistrats compétens nous écoutent.

Enfin que ça été, que c'est encore un déni de justice évident que la Cour d'appel, et après elle la Cour impériale, surtout dans son arrêt du 6 mai 1811, ont commis et commettent contre nous en laissant de côté cette plainte.

Car on voit dans les qualités de cet arrêt notre plainte et notre demande, sans qu'il en soit dit, dans le dispositif, un seul mot.

L'indignation et la pitié, par tout ce que nous venons de dire sur ce point, sont tellement en combat dans notre cœur, qu'elles nous forçent à n'en plus parler et à passer au suivant.

SECONDE OCCASION.

Une *seconde* occasion, dans laquelle les exposans ont été encore sans cesse joués, sacrifiés, et toujours avec des dénis de justice, se présenta à la suite de la précédente.

Après avoir éprouvé l'enlèvement de la maison par la fausse notification, ils furent obligés de recourir sur le prix des biens ruraux du débiteur, vendus à Melun; mais un autre complot plus vigoureux, pour enlever 103,000 fr. du prix de ces biens, fut aussitôt conçu.

Dans le cabinet d'un avoué, appelé Bourdon, de Paris, il fut fabriqué plusieurs actes privés entre le débiteur et deux faux créanciers, l'un de 15,000 fr., l'autre de 98,950 fr., dont les titres étaient éteints; on combina de ressusciter ces créances, on acheta même pour 3600 fr. le silence du créancier de 15,000 fr., et on lui fit donner un pouvoir pour demander la créance comme si elle n'était pas payée.

On régla de quelle manière le partage des 103,000 fr. serait fait; l'avoué Bourdon stipula pour lui 20,000 fr., et les 80,000 fr. du surplus partageables entre le débiteur et le faux créancier, au nom duquel la créance de 98,940 fr. et accessoires étaient demandés.

L'avoué de Paris, Bourdon, va à Melun, avec le fils du faux créancier et le débiteur; ils logent ensemble, quoique jusque-là ils eussent plaidé l'un contre l'autre.

Ils étaient porteurs de lettres de recommandation devenues notoires, données surtout par un secrétaire indiscret d'un grand personnage, qui en a subi des reproches assez cuisans, pour nous dispenser, dans le moment, de le nommer, mais nous le nommerions aussitôt qu'on nous accuserait de réticence.

Ce fut l'avoué de Melun, appelé Nancey, qui jusque-là avait occupé pour le débiteur, qui recueillit les gens du complot, s'associa à eux pour l'exécuter, et n'hésita pas à se charger, même sous son nom, de demander la fausse créance au plutôt.

Les exposans ne furent pas instruits de suite de cela; ils savaient encore moins que l'avoué Nancey était le beau-frère du procureur impérial, son commensal, logé sous le même toit; et que de plus, ce procureur impérial, appelé Loisel, était le même que Loisel, homme de loi, conseil chez lequel avait été élu le domicile par l'inscription de la grosse créance éteinte qu'on allait redemander ; qu'il était alors doublement récusable, comme l'avoué était doublement coupable de servir le débiteur et le créancier. Le procureur impérial aurait dû l'en empêcher, mais il était son beau-frère et son commensal.

Les exposans, tant qu'ils ne le savaient pas, ne pouvaient pas articuler cette suspicion ; mais ils ne crièrent pas moins que la créance était supposée, et que le prétendu créancier la demandait d'accord avec le débiteur, tandis que jusque-là ils avaient plaidé ensemble, et qu'un jugement du tribunal de commerce indiquait que le débiteur n'était pas seulement un mandataire comptable, comme on le prétendait, mais qu'il avait toujours invoqué un traité écrit qui justifiait qu'il ne devait rien ; les exposans ajoutaient que c'était soutenir des faits blâmables et repréhensibles, employer la dissimulation et le mensonge, que de venir aujourd'hui demander d'accord la créance et le prix des biens, pour les partager au préjudice des créanciers légitimes.

Mais le débiteur, le prétendu créancier, étant d'accord, et dirigés par le même avoué, et le beau-frère, procureur impérial, étant prêt à conclure en faveur de la créance de 100,000 fr. demandée seulement en vertu d'une procuration, en cachant le traité qui l'avait éteinte, il fut impossible d'empêcher trois juges faibles de Melun de la colloquer dans un jugement du 3 prairial an 11.

Sur l'appel, un arrêt du 7 ventose an 12 confirma cette collocation, avec pourtant cette restriction que la minorité des juges d'appel obtint que dès qu'on ne voulait pas croire à l'existence du traité qui éteignait la créance, et qu'on ne croyait qu'à la procuration, il était juste de réserver aux créanciers le compte nécessairement alors à faire pour l'exécution du mandat et la restitution, s'il y avait lieu, et de faire donner caution pour cette restitution.

Si nous n'avions pas d'autres faits contre M. le premier président, nous ferions ici le récit de ce qui se passa aux audiences diverses qui eurent lieu pour prononcer cet arrêt, la haute faveur qu'il accordait au fils du prétendu créancier, sous prétexte qu'il était militaire, les recommandations qui lui étaient faites, surtout par l'important secrétaire dont il a été parlé, qui avait donné des lettres pour Melun; les sauts et les bonds que ce président fit, dès le premier jour, sur son siége; les interruptions de l'audience pour aller dans la chambre du conseil, où il voulait au plutôt faire débouter les opposans de leur appel, sans écouter, et pour ne pas entendre parler du traité qui éteignait la créance; la peine de la minorité des juges pour faire ajouter à l'arrêt qu'au moins il y avait à compter; la difficulté des exposans pour aborder ce président et lui représenter la faveur notoire qu'il accordait contre eux. Mais nous pouvons épargner ces détails qu'il serait aisé pourtant de prouver, parce que nous n'aurons que trop à dire sur d'autres points contre ce premier président, avec des preuves écrites que nous avons en main.

Enfin les 100,000 fr. des biens ruraux n'en furent pas moins enlevés provisoirement aux exposans, sauf restitution et caution.

Mais qu'arriva-t-il? Les co-partageans, en bavardant

qu'ils avaient bien mystifié les exposans, et en laissant voir partie des écrits privés du complot, mirent si bien à découvert la supposition des deux créances, que sur une plainte qui fût portée, le magistrat saisit et enleva chez le faux créancier des 15,000 fr., des pièces si démonstratives que cette créance avait été éteinte et ressuscitée pour le compte du débiteur, au préjudice des créanciers, et qu'un avoué d'appel, appelé *Beau*, avait demandé cette créance sur les ordres du seul débiteur; que le faux créancier en convint, et laissa prendre divers arrêts, qui déclarèrent la créance fausse, et qui l'ont forcé à restituer environ 3,000 fr. de frais causés parce qu'il l'avait laissée demander mal à propos.

Quant à la créance de 98,940 fr. aussi ressuscitée, quoiqu'un traité caché et nié en portât l'extinction; la plainte produisit l'aveu de l'avoué Bourdon, cheville ouvrière du complot, que ce traité existait, qu'il l'avait chez lui; mais comme le magistrat eut la bonté de ne pas aller de suite chez lui le chercher, l'avoué Bourdon, le lendemain, imagina de prétendre qu'il l'avait envoyé dans la nuit au fils du prétendu créancier, militaire à Turin, et puis l'on a fait dire par ce militaire qu'il ne l'avait pas reçu, et puis un arrêt sur la plainte a dit que, dès que la pièce n'était pas produite, et que c'était en vertu d'un jugement et d'un arrêt qu'on avait payé la collocation, on ne pouvait pas dire qu'il y avait eu escroquerie, et ordonner la restitution pour le profit de la plainte.

Mais cet arrêt du 27 septembre 1807, comme les exposans l'avaient dit, a aussi déclaré constant, parce que la minorité des juges obtint au moins ce succès, que l'avoué, le prétendu créancier et le débiteur avaient avancé *des faits blâmables et répréhensibles*, et employé *des dissimulations et des mensonges*, et ils ne furent renvoyés de la plainte que dépens compensés; ce qui donnera toujours à tous les impartiaux la conviction que les exposans sont victimes, et qu'il y a contradiction évidente quand le mal est constaté par l'arrêt lui-même, et qu'il le laisse impuni, sans autre ressource qu'une instance civile par dol à intenter pour la restitution.

Mais il n'est pas moins démontré par tout ce qui vient d'être dit, que les vengeances ont fait réussir un premier complot pour enlever la maison, en corrompant des juges qui ont laissé impuni le faux d'une notification de vente, et qui ont excité contre les exposans les préventions, l'inimitié et la haine les plus actives.

Qu'un second complot a enlevé le prix des biens ruraux, en ressuscitant deux créances, et les soutenans vraies, tandis que l'une de ces créances a été avouée et déclarée positivement fausse, et que pour l'autre, si l'on n'a pas voulu trouver le fait punissable au criminel, on n'a renvoyé de la plainte que dépens compensés, et en déclarant par l'arrêt que les accusés avaient avancé des faits blâmables et répréhensibles, et employé des dissimulations et des mensonges: ce qui ne peut que procurer la restitution, quand les exposans auront des juges qui ne seront pas entouré des officiers qui ont conçu et exécuté ces complots, et ce qui encore met la Cour impériale dans la nécessité de s'abstenir.

Les incidens qui ont eu lieu durant le cours de ces suppositions des créances, et qui sont sans nombre, piqueraient la curiosité, et serviraient puissamment la demande actuelle, s'ils n'étaient trop longs et surabondans.

Il suffit de dire que toujours les exposans ont été traités avec la plus grande perfidie de la part des avoués, qui ont su exciter la prévention et l'inimitié si évidentes dont ils se plaignent.

Par exemple, quand ils voulurent, à suite de la plainte et de la découverte des pièces contre les créances, faire renverser entièrement l'arrêt de collocation par requête civile, et obtenir l'entière restitution de la grosse créance supposée et payée, il arriva qu'un arrêt du 2 juin 1806 rejeta cette requête civile, à l'égard de l'un des prétendus créanciers.

Mais l'avocat estimable et vigoureux des exposans, révolté d'avoir échoué malgré des moyens si victorieux, accablé par les menaces et le préjudice que lui avaient déjà causé les avoués, parce qu'il défendait les exposans, se vit forcé, pour conserver son état, et faire vivre sa famille, d'abandonner la défense des exposans : il refusa de plaider une autre cause des exposans, qui avait pour objet le compte suivant lequel environ 30,000 fr. se trouvaient pris de trop dans la collocation des 100,000 fr.; mais en même temps il eut le courage, pour se justifier, d'écrire aux exposans une lettre, le 14 du même mois de juin, et de leur dire que les avoués faisaient corps contre eux, et les faisaient écouter défavorablement par les juges. Qu'il y avait contre eux un *tolle* insensé qui gagnait sans cesse par imitation, qu'il était las des défaites qu'on leur faisait éprouver dans toutes les occasions, et des désagrémens que leur défense lui donnait, qu'il avait fait *contre la prévention* des longs et généreux efforts ; que ces fâcheuses dispositions, depuis deux ans qu'il résistait, rejaillissaient sur lui, et lui avaient beaucoup nui. Que si les exposans pouvaient penser qu'il s'éloignait d'eux par un autre genre d'intérêt, il serait prêt en toute circonstance à dire qu'il y avait eu une mutuelle satisfaction et exactitude.

Cette lettre seule ferait ouvrir les yeux à ceux qui pourraient douter s'il y a cabale, prévention, défaveur, inimitié.

Quand quelque temps après cette lettre fut connue, M. le premier président, vers la fin de l'année, suscita une altercation à cet avocat, qui plaidait à son audience, et M. le premier président, de sa seule autorité, lui défendit publiquement de plaider devant lui pendant le reste de l'année ; le barreau crut pouvoir dire de suite à cet avocat, qu'il devait cette mésaventure à sa lettre écrite aux exposans.

Bref, à la suite de l'arrêt du 2 juin, sur la requête civile, et de cette lettre de refus de continuer de défendre, écrite le 14, il intervint le 22 du même mois de juin, un autre arrêt, lors duquel la défense des exposans étant ainsi interceptée, ils perdirent leur procès sur les fautes du compte que cet arrêt aurait dû relever pour rendre la restitution beaucoup plus considérable.

Quand ensuite les exposans voulurent obtenir une restitution quelconque, parce qu'il y avait toujours différence entre le résultat du compte et la collocation, et qu'ils crurent devoir s'adresser à la Cour d'appel, parce que c'était elle qui avait fait la réserve de la restitution refusée par le tribunal de Melun, il arriva encore, faute de défense, que l'on fit réussir un déclinatoire avec de gros dépens, dans un arrêt du 21 avril 1807, qui déclara qu'il fallait aller en première instance.

Quand les exposans allèrent à Melun, en janvier 1808, demander la restitution, on leur laissa prendre un défaut très-dispendieux, à cause de l'enregistrement.

Puis sur l'opposition on opposa un déclinatoire absurde, en disant qu'il fallait assigner en restitution devant le juge du domicile du détenteur, et non pas devant le juge de la situation des biens et des collocations; on se vit bien forcé de rejeter ce déclinatoire, mais on refusa aux exposans les dépens, tandis qu'on les avait prononcés contre eux, sur le déclinatoire à la Cour d'appel.

Il est remarquable que, lors de ce déclinatoire à Melun, les exposans, alors instruits des particularités, rencontrant encore sur leurs pas et contre eux l'avoué et le procureur impérial, beaux-frères commensaux, et logés sous le même toit, et le procureur impérial, recevant toujours les copies du créancier qui, lorsqu'il était conseil, avait élu domicile chez lui, crurent devoir, par bienséance, faire représenter à ce magistrat qu'il devait se récuser et dispenser de toute procédure à cet effet, parce qu'ainsi que l'explique Rodier, sur l'ordonnance de 1667, et selon Larroche, en son Traité des parlemens, le juge qui demeure avec le défenseur est récusable : et en effet, on écrivit aux exposans, que ce juge avait fini alors par entendre raison, et s'était récusé dans ce déclinatoire, et il n'en connut pas. Mais par une bizarrerie inconcevable, il a ensuite connu d'autres affaires regardant les exposans, dans lesquelles son beau-frère l'avoué a occupé.

Alors les exposans avaient demandé provisoirement et obtenu du juge de Melun, d'après les arrêts sur la collocation et sur le compte, qui prouvaient que le prétendu créancier avait trop reçu, de faire une saisie-arrêt : l'on imagina de se pourvoir à Paris, en main-levée de cette saisie, faite d'autorité du juge de Melun. M. Selves, révolté qu'on voulût pratiquer cette surprise et enlever les fonds, essaya d'aller lui-même à l'audience pour donner une explication ; mais M. Agier qui, encore présidait, ne voulut pas absolument permettre à M. Selves d'expliquer que les exposans étaient sans avocat, que les avoués s'entendraient, que leur défense était interceptée, et qu'on ne pouvait pas à Paris faire main-levée de l'opposition faite d'autorité du juge de Melun. M. Agier, avec une voix très-forte, cria sans cesse à M. Selves : Non, non, vous ne parlerez pas ; et M. Agier, sans entendre, condamna encore, et fit main-levée, toujours avec dépens, par un arrêt qui est à peu près du 1er juin 1808. Ce fait est d'autant plus incontestable qu'il s'est passé en public ; que M. Selves, rencontrant certains des juges, et surtout M. Amy, qui doit s'en rappeler, leur demanda d'où pouvait venir tant d'humeur, de roideur de M. le président Agier, pour faire un refus si injuste, et ils lui répondirent qu'ils en avaient été étonnés eux-mêmes, et qu'ils n'en savaient pas la cause. La suite prouve que l'humeur et l'injustice furent d'autant plus grandes, que M. Agier lui-même a été forcé ensuite de prononcer un arrêt qui a justifié que la saisie-arrêt pour la restitution était juste, et que la main-levée a été préjudiciable. Voilà comment M. Agier, dans une circonstance si délicate, où les exposans étaient privés de leur avocat, refusa à une audience d'entendre M. Selves, même de lui laisser articuler un seul mot.

Les juges de Melun prononçant ensuite sur le fonds, et sans lire les arrêts contenant réserve, prétendirent que ces arrêts avaient tout jugé sans réserve, déboutèrent de toute demande en restitution, laissèrent pour le compte des exposans, tous les dépens du fonds, et de l'incompétence, et même ceux du défaut, sans ordonner qu'ils seraient refondus.

Enfin sur l'appel, les exposans étant toujours sans avocat, et réduits à faire distribuer des notes aux juges, prouvèrent bien aux juges que le prétendu créancier, et l'avoué Bourdon, de Paris, et l'avoué Nancey, de Melun, avaient induit les juges de Melun à ne pas lire, et que ces juges n'avaient pas lu; car, grâces à M. Chollet, l'un des juges d'appel, les pièces à Paris furent assez lues, pour faire réparer l'erreur de compte en faveur des exposans, au moins à concurrence d'environ 14,000 fr.; mais ce fut dans cet arrêt dont nous avons déjà parlé que, malgré la vérité qui y est reconnue, qu'on n'avait pas lu à Melun, et malgré qu'au nom du prétendu créancier, l'on n'eût osé prendre des conclusions qu'au moment du jugement sur la barre, pour la suppression des notes, et l'affiche de l'arrêt avec des dommages *applicables aux hospices*, cet arrêt, disons-nous, à son tour, sans lire ces conclusions qui y sont rapportées, accorda tous les dépens, et 50 fr. de plus, à titre de dommages, *applicables au prétendu créancier* lui-même, supprima les notes, les déclara injurieuses aux avoués et aux juges de Melun, et ordonna l'impression et l'affiche de l'arrêt aux frais des exposans.

Ce fut encore M. le président Agier qui prononça cet arrêt, rendu comme on voit, sans entendre, sans lire, et qui blesse la première règle de la procédure, qui veut que les jugemens soient limités par la demande : *sententia debet esse conformis libello.*

Ce n'est pas ici le lieu de détailler les vengeances exercées encore particulièrement, et par suite à Melun, par la force et l'influence inconcevable de cet avoué, beau-frère du procureur impérial de Melun, lorsque les exposans, comme la loi le leur permettait, n'ont pas craint de l'articuler, quand ils en ont eu la certitude, que cet avoué avait occupé par le débiteur et le prétendu créancier, et que son beau-frère, procureur impérial et son commensal, avait donné des conclusions contre les exposans, lors même que le domicile du prétendu créancier était encore élu chez lui.

Il suffit de dire qu'il n'y a pas de circonstance qu'il n'ait recherchée, de moyen qu'il n'ait inventé à son tour, et pour seconder toujours les avoués de Paris, pour se venger et persécuter les exposans en leur faisant susciter des contestations, en se vantant qu'il leur avait fait perdre le procès de la créance supposée, qu'il saurait les leur faire tous perdre, même devant la préfecture, où il avait, disait-il, tout crédit, comme avoué du préfet.

Il a excité à commettre, à leur préjudice, des usurpations dans leurs propriétés; il a fait détourner des eaux, supprimer des ruisseaux, il est venu lui-même sur les lieux exciter à les combler. Cela a duré pendant cinq ans, jusqu'à ce que les exposans, arrivés devant la section du conseil d'état des domaines nationaux et celle des ponts et chaussées, ont fait ordonner le rétablissement: mais cet avoué encore ose plaider et soulever, avec quelques-uns de ses collègues, un fermier contre les exposans, et lui faire dire qu'il ne paiera jamais rien que par huissier, et après des offres toujours faites avec quelque condition, quelque subtilité qui retarde les paiemens, et donne lieu à des incidens dans lesquels on voit sans cesse son influence. Ces particularités et autres du tribunal de Melun seront expliquées en temps et lieu.

Le mal qu'elles y causent est si certain, qu'on n'a pas craint d'écrire plusieurs fois de Melun, que ce qui s'y faisait contre les exposans et la prévention qui y existe est *une calamité judiciaire;*..... qu'il n'y a que *la certitude de l'impunité* qui puisse en donner le courage, *que c'est une véritable oppression,* qu'il est inutile de s'y défendre, etc.

En sorte qu'à Melun, comme au palais de Paris, il n'y a presque pas un habitué qui ne dise qu'il y a toujours condamnation contre les exposans sur l'étiquette du sac. La suite va, s'il se peut, encore mieux le prouver; car, sur ce point des créances supposées, nous sommes encore fatigués d'écrire des faits pour démontrer la persécution, et nous passons au point suivant et dernier.

TROISIÈME OCCASION.

La *troisième* occasion que nous présenterons comme la dernière, quoiqu'il y en ait bien d'autres, et dans laquelle les vengeances et l'animosité se sont exercées et s'exercent encore, est bien plus affligeante que les précédentes.

C'est ici qu'on va voir que l'expédition projetée de ruiner, de vilipender les exposans en les jouant, en les mystifiant, est bien plus hardie, et que leur défense a été presque sans cesse interceptée et accompagnée même d'une foule d'autres dénis de justice; car les véritables acteurs ne pouvant plus rester derrière la toile, et étant forcés de se montrer, l'ont fait avec l'impudeur la plus excessive, et ont su presque toujours se faire protéger. On va s'en convaincre.

Jusqu'au commencement de l'an 13, et pendant les procédures qui donnèrent lieu à l'arrêt du 22 brumaire an 11, lors duquel, pour enlever la maison, il y eut cinq juges corrompus sur six, contre lesquels les exposans ont porté plainte en forme depuis long-temps sans être écoutés, et à l'arrêt du 7 ventose an 12, qui regarda comme véritables les deux créances supposées qui enlevèrent aux exposans le prix des biens ruraux, les exposans s'étaient bornés à murmurer et se plaindre secrètement, et à faire leurs efforts pour appaiser les méchancetés; mais, loin de réussir, les méchans augmentèrent sans cesse le mal.

Les exposans étaient forcés de recouvrer une autre créance pour parer aux condamnations des deux précédentes fourberies, ils avaient fait commencer des diligences d'expropriation sur un immeuble qui leur était hypothéqué; on leur répondit qu'ils étaient, quand à présent, non recevables, parce qu'ils devaient plutôt faire déclarer leur titre exécutoire contre les acquéreurs, qu'ils ne pouvaient pas même jusqu'alors surenchérir.

Les vendeurs et acquéreurs d'accord opposèrent cette absurde fin de non recevoir; il y eut appel, lors duquel on fit confirmer, avec dépens, toujours contre les exposans: ce n'était qu'un incident à la demande de la créance: on ne se serait pas douté que, quoiqu'il y eut quatre avoués pour les vendeurs et l'acquéreur pour dire la même chose, il peut y avoir plus de 5 ou 600 fr. de frais.

Mais tout à coup les exposans apprirent qu'on avait rédigé un arrêt infini, qu'il y avait eu QUATRE-VINGTS REQUÊTES faites par les quatre avoués, dont quarante-deux grossoyées, qu'il y aurait peut-être plus de 20,000 fr. à payer pour dépens, suivant des déclarations déjà signifiées. Les exposans demandèrent les copies de ces requêtes à Me Boudard, leur avoué, et les gardèrent pour preuve du fait.

La première démarche que la prudence et la raison suggérèrent à M. Selves, fut d'écrire au syndic de la chambre des avoués, pour l'instruire de la cupidité et de la malice des quatre avoués, et le prier d'arrêter, par la discipline ou de quelque autre maniere, la suite des infinies et dispendieuses écritures de ces quatre-vingts requêtes illicites et scandaleuses, répétées sans cesse dans les qualités, les expéditions, les significations, les notifications, les déclarations de dépens; et il ajouta qu'il avait voulu faire cette prévenance avant de s'adresser à l'autorité supérieure, qui ne manquerait pas de blâmer les avoués si elle en était instruite. L'exposant espérait d'autant plus de cette démarche, qu'étant magistrat lui-même, sa plainte devait faire plus d'impression sur les avoués.

Mais c'est ici que la hardiesse, l'impudeur, commencèrent ouvertement leur comédie, et posèrent les fondations du plan de ruiner, vilipender les exposans; car ceux qui ne le savent pas doivent apprendre que, selon l'histoire, les suppôts du palais ont rendu impuissans contre eux les plus grands hommes, et des souverains même, surtout Louis XII, qui se plaignait tant de leur existence; que leur audace fit reculer Louis XV, lorsqu'il avait établi la chambre royale devant laquelle ils ne voulurent pas servir, et que, comme le rapporte M. Selves dans ses ouvrages, sans que la censure impériale ait trouvé à le critiquer, c'est aux suppôts du palais qu'on doit toutes les catastrophes qui eurent lieu à la naissance du dernier roi, à son avénement au trône, et qui commencèrent la révolution dans laquelle il a péri.

C'est aussi avec le sentiment de cette antique et effrayante puissance de leur corporation et de la population qu'ils maîtrisent, parce qu'elle est forcée de leur donner sa confiance, que les avoués, sans rien craindre, exercent une sorte de dictature au palais.

Aussi ce syndic crut pouvoir, par une lettre du 9 nivose an 13, répondre à M. Selves qu'il n'avait rien à requérir, qu'il fallait attendre les taxes, c'est-à-dire laisser continuer le mal des écritures. Il trouva prématuré qu'un magistrat surtout fît de vives plaintes à cet égard, et lui annonça que s'il continuait, probablement on ne voudrait pas l'entendre.

Ce syndic, comme on va le voir, a été un oracle, puisque, dès ce moment même, Me Boudard, avoué, qui occupait pour les exposans, a été asservi, livré à sa corporation, et lui a livré entièrement les exposans eux-mêmes, comme les preuves écrites vont le démontrer, de manière que tout s'est réuni encore une fois pour les ruiner et les vilipender.

Car, en l'an 13, M. Selves jouissait d'une estime si distinguée, il avait rendu de tels services particuliers, même étrangers à ses fonctions, et connus de divers ministres, de princes et du gouvernement, que, lorsqu'il y pensait le moins, une lettre officielle d'un ministre, du 30 vendémiaire an 13, l'avertit qu'on était dans l'intention de le présenter pour une place éminente, et qu'alors on ne laisserait pas ignorer ce qu'on avait la bonté d'appeler son mérite et ses services.

Loin que par ambition M. Selves ait jamais intrigué pour activer cette promesse, on l'a vu enfoncé dans ses travaux et occupé surtout à concourir au perfectionnement des lois nouvelles, comme ses écrits et sa correspondance, surtout avec les présidens successifs de la section de législation du conseil d'état le prouvent.

Mais à l'époque de cette lettre, et peu de jours après, M. Selves s'était adressé, comme on l'a vu, au syndic des avoués, qui avait osé lui faire la réponse dont il vient d'être parlé, et le menacer que s'il continuait on ne voudrait pas probablement l'entendre.

Alors le courage d'avoir voulu contrarier les avoués et le syndic acheva de les piquer, au point que l'on ne craignit pas de commencer d'appeler M. Selves processif, et d'imaginer de lui en faire la réputation, afin que cela contribuât d'autant aux préventions, et à l'empêcher d'être écouté; et pour mieux y réussir, le plan fut encore de plus en plus conçu de ne pas manquer une circonstance où l'on pourrait lui susciter des contestations; d'intercepter entièrement sa défense, et d'enjoindre aux avoués qui occuperaient pour lui de ne jamais signer des conclusions, même quand la Cour l'enjoindrait, qu'après que la chambre des avoués l'aurait permis.

Cependant la démarche même d'écrire au syndic des avoués pour arrêter la frénésie de ceux qui accumulaient les procédures contre M. Selves, était seule une preuve certaine qu'il détestait les procès, et que c'était ceux qui le lui reprochaient qui étaient processifs eux-mêmes: mais telle est notre civilisation, pour ne pas dire la corruption, que ceux qui doivent être accusés prennent souvent le devant et accusent les autres.

Cette perfidie d'appeler M. Selves processif n'a fait que s'accroître à mesure que M. Selves a encore publié divers ouvrages, pour démontrer le moyen de prévenir les neuf dixièmes des procès.

Le parti qu'a pris encore M. Selves de se faire déli

vrer deux certificats par deux Cours d'appel où il a des biens plus nombreux que dans le ressort de celle de Paris, et qui n'ont jamais entendu son nom dans aucun procès, n'ont pu dissiper les préventions.

Ils ont aussi sourdement voulu le rendre défavorable par sa fortune, quand jusqu'alors ils n'avaient pas osé en parler, quand ils n'ont fait depuis que l'épuiser, quand ses biens du midi n'ont eu d'autre augmentation que l'achat par lui et sa femme, près Paris, de deux domaines nationaux, achetés l'un 103,000 fr., l'autre 90,000 fr., qu'ils n'ont payés que par des emprunts de banque ou notariés, et dont ils auraient été expropriés plusieurs fois sans leur sagesse, et la valeur des terres progressivement augmentée depuis douze ans. Les exposans souhaitent que tous ceux à qui on parlera de leur fortune puissent en rendre un compte aussi clair.

En reprenant la conduite des avoués, il faut dire que M. Selves, pour ne pas voir pousser plus loin les écritures qui étaient la suite des quatre-vingts requêtes, demanda qu'elles fussent déclarées frustratoires et rejetées; un arrêt du 26 floréal an 13 prononça, comme la lettre du syndic, qu'il fallait attendre les taxes, et condamna aux dépens.

Il y eut quelques-uns des quatre avoués, auteurs des quatre-vingts requêtes, qui osèrent continuer les taxes, surtout celui qui en avait fait pour sa part vingt, dont treize grossoyées. M. Selves hasarda de prévenir M. le substitut Cahier qui devait porter la parole sur l'appel de cette taxe, et l'inviter à faire son devoir contre les avoués.

M. Selves fut aussi forcé d'aller lui-même à l'audience,

à cause de la conduite dont il va être bientôt parlé, de Me Boudard, son avoué, qui refusa de régler la défense contre son confrère.

Mais M. le substitut Cahier, abondant dans le plan des avoués, d'appeler M. Selves *processif*, se permit de plaider avec une telle humeur, qu'il alla jusqu'à lui dire que les juges étaient solidaires pour l'exemple : comme si, lorsqu'on est juge, on devait être forcément de l'avis des juges qui favorisent ceux qui n'exécutent pas les lois, et laisser commettre aveuglément des exactions, se laisser ruiner par les vengeances, n'oser rien dire lorsqu'à la fois le devoir autant que l'intérêt commandent de dévoiler les malfaiteurs.

Dans ce moment, M. Cahier était si aveuglé lui-même, si animé contre M. Selves pour les avoués, que, malgré le fait positif que l'avoué demandeur, appelé Champion, eût fait treize requêtes grossoyées, dont M. Selves avait et a encore dans les mains, et montrait à M. Cahier les copies, M. Cahier persévéra publiquement à dire qu'il n'y en avait que onze ; et sans aborder même la question de savoir si cet avoué ne devait pas, selon la loi, se borner à une ou deux requêtes, et s'il n'en avait pas fait au moins neuf de trop, M. Cahier prétendit vaguement, et induisit la Cour à juger que tout avait été fait en conformité de l'ordonnance de 1667 ; et l'arrêt rendu alors, le 2 fructidor, confirma un précédent arrêt de défaut que Me Boudard avait laissé prendre le 14 messidor an 13, et qui, faute par cet avoué d'avoir, dans le délai fatal de trois jours, croisé, selon l'ordonnance, les articles de dépens critiqués, déclara les exposans non recevables.

Le 3 thermidor même année 13, un autre arrêt, et le 11 fructidor suivant, encore un autre arrêt par le même motif, pris de ce que Me Boudard n'avait pas croisé dans les trois jours des appels de taxe, les articles à critiquer, déclarèrent les exposans non recevables vis-à-vis d'autres avoués. A coup sûr les annales de la justice n'en présentent pas de pareils.

Voilà comment Me Boudard, avoué des exposans, dès l'instant qu'il fallut défendre contre les concussions des taxes exercées par ses confrères, commença de se conduire pour intercepter la défense ; trahir et laisser condamner les exposans. Sa trahison est allée jusqu'à céder à ses confrères, quand, au nom des exposans, ils lui ont fait donner des acquiescemens même à ces arrêts, dans des procédures qui ont suivi, pour pouvoir invoquer des fins de non recevoir s'ils étaient attaqués.

Cela est si vrai, que les exposans ayant, par deux pourvois, attaqué à la Cour de cassation cinq de ces arrêts contre cinq avoués, l'admission des pourvois fut hautement prononcée. M. Jourde, avocat général, ne craignit pas de dire en plaidant, et nous pouvons le répéter dès qu'il la dit, que les mauvais traitemens que les exposans éprouvaient étaient un véritable brigandage : mais, à la section de cassation, les cinq avoués invoquèrent les acquiescemens, les fins de non recevoir qu'ils s'étaient faites eux-mêmes par leur collusion avec Me Boudard, et soutinrent que la multiplicité des procédures, même l'existence des quatre-vingts requêtes touchant au fonds et aux faits, étaient hors du cercle des attributions de la Cour de cassation. Cette Cour crut les exposans non recevables, et que c'était à la Cour

4

d'appel elle-même à réprimer ces forfaits. Ces pourvois, avec les amendes, ont coûté plus de 6000 francs : mais la plupart des juges ne manquèrent pas de dire et se souviennent encore qu'ils étaient pénétrés de toute l'horreur de la conduite des avoués, de la négligence à la comprimer, et de la persécution particulière des exposans. Plusieurs alors et depuis ont répété, comme M. Jourde, que c'était un véritable brigandage sans frein.

Il est nécessaire encore ici d'expliquer ce qui se passa de plus, lorsque Me Boudard commença son inconduite, pour bien prouver qu'elle a eu sans cesse le plus parfait caractère de trahison, surtout pour servir ses confrères et leur complot.

Les exposans avaient déclaré à Me Boudard, qu'attendu la malice évidente des avoués, de faire et se passer entre eux, dans les taxes, des dépens énormes, ils entendaient être appelans des taxes devant la Cour, quand les avoués les auraient faites.

Me Boudard fit bien un premier appel d'une taxe poursuivie par un avoué appelé Collet ; mais Me Boudard négligea, dans le délai fatal de trois jours, d'aller au greffe faire des croix à côté des articles de la déclaration des dépens, opération que la loi commande à l'avoué ; et Me Collet, après les trois jours, ne manqua pas d'aller prendre au greffe une attestation que les exposans n'avaient pas fait croiser les articles par leur avoué ; et par ce motif, causé uniquement comme on voit par l'infraction de son devoir, par la trahison de Me Boudard, l'arrêt du 3 thermidor, plus haut cité, déclara les exposans non recevables, avec dépens.

Les exposans voyant la résistance de Me Boudard à leur prêter son ministère, furent obligés de s'en plaindre à M. Mourre, alors procureur général, qui, par une lettre du 1er germinal an 13, leur répondit qu'il avait écrit à Me Boudard qu'il ne pouvait leur refuser son ministère.

Malgré cela, Me Boudard résista, et M. le procureur général, qui aurait pu et dû enjoindre à Me Boudard de prêter son ministère, recula et éluda en écrivant de nouveau aux exposans, le 14 prairial, qu'ils devaient se pourvoir devant la Cour, pour faire enjoindre à Me Boudard de les servir.

Nous pouvons donc commencer de dire ici, une première fois, que M. Mourre ne fit pas son devoir.

Pendant ces évasions, les exposans ne pouvant avoir d'avoué, se virent obligés de faire eux-mêmes, par des actes extrajudiciaires, les appels de taxes, et de croiser les articles.

Ils croyaient, et M. Selves le croit encore, qu'ils pouvaient le faire, parce que, selon divers auteurs, et d'après la loi de la nécessité, ce que la partie fait, lorsque les officiers auxquels la loi l'ordonne le réfusent, doit valoir comme si les officiers l'avaient fait eux-mêmes.

Mais les arrêts qu'on a vus, des 14 messidor, 2 et 11 fructidor, ont jugé que l'ordonnance ayant dit que ce seraient les avoués, et non pas les parties, qui feraient les croix, les exposans n'avaient pas pu le faire eux-mêmes, et étaient non recevables; et ce fut là encore une des fins de non recevoir que les avoués s'étaient faites, qu'ils invoquèrent à la Cour de cassation.

Les exposans, à la suite des lettres de M. le procureur général, n'avaient pas manqué de s'adresser à la Cour d'appel, pour demander qu'il fût enjoint à l'avoué Boudard de les servir, et aux huissiers de signer les copies qu'ils signifiaient contre eux et pour eux, et qu'ils ne signaient pas.

Mais M. le président ne signa un soit communiqué que le 6 messidor. M. le procureur général répondit, le 9, qu'il n'empêchait d'enjoindre à Me Boudard; et sur l'injonction aux huissiers de signer, il prétendit, sans dire pourquoi, qu'il y avait lieu à examiner. M. le président, à son tour, ne rendit son ordonnance que le 12 messidor, dans laquelle il enjoignit bien à Me Boudard d'occuper; mais pour l'injonction aux huissiers, sans dire pourquoi, renvoya à se pourvoir.

Nous n'avons jamais eu le temps de chercher à expliquer, parmi tant de revers et de dénis de justice, quel a pu être le motif d'un refus si étrange, d'enjoindre aux huissiers de signer leurs significations selon la loi, et pourquoi le juge n'avait pas motivé, selon la loi, sa décision.

Pendant tout ce temps perdu à faire faire des injonctions, et ces retards, ces refus de M. Mourre, d'enjoindre lui-même à l'avoué d'occuper; et ce déni de justice quand il s'agissait d'enjoindre aux huissiers de signer les significations, le court délai fatal de trois jours, donné par la loi pour régler la défense des divers appels de taxes, et croiser les articles, s'était épuisé; et l'on vit arriver les arrêts qui, faute par les exposans d'avoir fait croiser par avoué, les déclarent, comme on l'a vu, non recevables, et toujours avec dépens.

Et, en même temps, les concussions des avoués et la trahison de Me Boudard étaient impunies et avaient leur succès !

Il arriva bien autre chose : c'est que, malgré cet arrêt sur requête, du 12 messidor, portant injonction à Me Boudard d'occuper, et de signer par conséquent des conclusions contre des avoués, la volonté des avoués qui le lui avaient défendu fut plus forte que celle de la Cour ; et Me Boudard fut encore ouvertement désobéissant, ainsi qu'on va le voir : ce qui justifie que presque toujours, ou au moins la plupart du temps, les avoués dominent les juges, et comme les ouvrages de M. Selves, qui causent les vengeances et la colère, le prouvent, qu'ils ne font pas même ce qu'elle ordonne. Alors des juges ainsi dominés ne peuvent pas évidemment faire bonne justice ; car comme l'a écrit Williams, dans son Traité des Gouvernemens du Nord : *Y a-t-il espérance de justice quand les malfaiteurs dominent les juges?*

On a vu, en effet, que déjà, le 14 messidor an 13, Me Boudard avait laissé prendre un arrêt de défaut à Me Champion, son confrère, et il fallut que, le 2 fructidor, M. Selves allât lui-même sur l'audience, faire enjoindre à Me Boudard de prendre des conclusions contre Me Champion.

La Cour, sur l'audience, fut forcée de faire cette injonction, comme l'arrêt le porte. M. Selves ne pouvait pas décemment aller jusqu'à dénoncer au ministère public son avoué, qui lui était nécessaire dans ce moment, et pour lequel il avait encore quelque pitié : mais M. Cahier, substitut, qui était présent, manqua encore à son devoir en ne disant rien contre les avoués, et en les favorisant : il aurait dû faire au contraire un réquisitoire direct contre cet avoué, qui ne cessa, depuis vendémiaire an 13, époque où le syndic des avoués menaça M. Selves qu'il ne serait pas écouté, c'est-à-dire que sa défense serait interceptée contre les avoués, surtout s'il continuait de se plaindre trop fort contre eux, Me Boudard, disons-nous, ne cessa, au moins autant qu'il le fallait pour favoriser ses confrères, de se refuser de mettre la défense en règle dans les délais fatals; parce que, outre la menace du syndic, dès lors les avoués firent corps plus que jamais contre les exposans; et les avoués et M. Cahier firent encore alors déclarer les exposans non recevables, avec dépens.

Cette nouvelle injonction faite alors à Me Boudard, de prêter son ministère, n'est-elle pas la démonstration de sa désobéissance aux précédentes, et du mépris que les avoués font, et que la Cour laisse faire de ses ordres, sans oser, sans vouloir les punir ?

Tout ce que la Cour fit pour paraître satisfaire alors aux plaintes de M. Selves, qui criait si vigoureusement contre cette épouvantable conduite des avoués, et la dénonçait avec tant de chaleur, consista à ordonner, dans cet arrêt du 2 fructidor, que M. Selves remettrait à M. le procureur général sa dénonciation contenant ses griefs contre les avoués : mais l'on va voir que ce ne fut que pour appaiser momentanément M. Selves, sans intention de justice, et à peu près par dérision, qu'on lui ordonna de remettre sa dénonciation.

On pressent que M. Selves ne manqua pas de faire

au plutôt la remise de cette dénonciation à M. Mourre.

Mais M. Mourre, qui prétendit l'avoir communiquée à la Cour, ou au moins à M. le premier président, écrivit à M. Selves de prendre la peine de passer à son parquet, sans dire un mot qui prouvât qu'il eût reçu la dénonciation.

Il se borna à lui répondre verbalement qu'il y aurait trop à faire si on la suivait; qu'ils avaient été d'accord avec M. le premier président, de ne pas même lui en accuser la réception.

En sorte qu'il semble que M. Selves n'a pas encore remis la dénonciation que l'arrêt du 2 fructidor an 13 lui ordonna de remettre; tandis que, par le plus affligeant déni de justice, cette dénonciation est depuis sept ans en souffrance, malgré les plaintes les plus vives et les plus réitérées.

S'il n'est pas évident qu'encore ici M. Mourre, procureur général, et la Cour, ou au moins M. le premier président, n'ont pas fait leur devoir pour corriger les avoués, et qu'ils ont laissé les exposans à leur merci, et leur défense interceptée depuis sept ans pour les ruiner et molester, il faudra renoncer à rien prouver aux hommes.

C'est encore depuis sept ans, et surtout depuis l'arrêt du 26 floréal an 13, qui déclara qu'il fallait attendre les taxes dans l'affaire des quatre-vingts requêtes, qu'il y a encore un déni de justice sanglant sur les plaintes des exposans, réitérées mille fois verbalement, dans des manuscrits, des notes imprimées, encore attachées à la requête déposée le 19 juillet 1810, qui est l'une des quatre qui n'ont pas été répondues.

Car il faut bien faire attention qu'en refusant de répondre ces quatre requêtes, comme les deux réquisitions des 21 janvier et 4 février 1811 le justifient, il y a déni de justice pour tout ce qui est renfermé dans ces requêtes, et qu'ainsi tous les détails, tous les cas particuliers du déni de justice que nous reprochons, se trouvent constatés par les deux réquisitions ainsi faites et prescrites par le nouveau Code.

Cela autorise encore à répéter ce que dit le public, qu'il y a convention, délibération verbale de la majorité des hommes du palais, de ne pas écouter, de ne pas répondre aux demandes des exposans, de les condamner toujours.

Quelle preuve plus forte peut-on en rapporter, que des réquisitions signifiées selon la loi, par huissier aux juges, en la personne du greffier, pour répondre quatre requêtes déposées successivement depuis huit mois au greffe, et la réponse perfide, moqueuse du greffier, qui déclare et fait écrire deux fois n'avoir rien à dire ?

Quelle preuve encore plus forte du complot de ruiner et vilipender les exposans, que la série des arrêts condamnant presque toujours sans entendre, qu'on a déjà vus, et l'on en verra bien d'autres, en allant, toujours sans lire, jusqu'à accorder plus qu'il n'est demandé, sans que la minorité des juges, qui gémit depuis dix ans, ait pu faire insérer dans les arrêts, que de temps en temps, quelques légères dispositions qui indiquent pourtant assez, comme on a pu le voir, la prévention, la colère de la majorité?

Qu'on se souvienne ici, pour reprendre les faits,

que les exposans, forcés, par la réponse du syndic et l'arrêt de floréal, d'attendre la fin des taxes, les avoués qui doivent les finir, et surtout l'avoué Noirot, qui pour sa part a fait trente requêtes sur les quatre-vingts, n'ont pas daigné, ou à mieux dire n'ont pas osé les faire. Me Boudard, qui aurait dû les y forcer, non seulement n'a pas voulu s'en occuper, mais encore il a supprimé les copies des déclarations de dépens, et surtout celles de Me Noirot, et le dossier entier sur lequel fut rendu l'arrêt du 26 floréal an 13, qui ordonna d'attendre les taxes.

Quel est le motif de ce retard ? Pourquoi les avoués n'osent-ils pas finir ces taxes ? Pourquoi ces suppressions de pièces et de dossiers, et ces dénis continuels sur ces plaintes ? Pourquoi les juges n'ont-ils pas voulu constater la vérification, laisser compter les pièces dont Me Boudard est comptable envers eux ?

C'est que les avoués ont vu la résistance, le courage des exposans, et surtout de M. Selves, qui, pour son intérêt évident, et encore plus pour l'exemple, et pour mettre à découvert et sous les yeux de tout l'empire, un excès si horrible, a promis de suivre avec le plus grand soin la défense dans cette procédure quand elle se continuera.

C'est encore, et ceci est bien digne d'attention, que les avoués, et surtout Me Noirot, qui a fait pour sa part les trente requêtes sur quatre-vingts, savent que M. Selves a eu la précaution de garder les copies des quarante-deux requêtes prétendues grossoyées, sur les quatre-vingts; que les originaux ou grosses de ces requêtes n'étant faits, suivant l'usage, que tout au plus sur quelques feuilles, pour escamoter le papier timbré et se dispenser des écritures, les avoués se voyant forcés aujourd'hui de faire après coup ces grosses, s'ils voulaient faire taxer, ne pouvant pas les remplir avec des chansons, des journaux ou l'Apocalypse, parce que M. Selves en demanderait la comparaison avec les copies qu'il a devers lui, Me Boudard ne pouvant pas, dès qu'il ne les a pas, prêter ces copies pour faire les originaux conformes, et y répéter les mêmes inutilités, les mêmes injures; les avoués, disons-nous, sont dans l'impossibilité de finir ces taxes, qu'ils avaient espéré consommer en se passant entre eux, suivant leur usage, les pièces sans qu'elles existent, et en surprenant des signatures aux juges pour les rendre exécutoires sans rien leur faire voir. Voilà aussi pourquoi les juges, afin de ne pas convenir de leurs fautes, et en effacer s'ils pouvaient les traces, ordonnent qu'on prendra les pièces sans compter, sans voir, ou à mieux dire, sans constater ce qu'on voit, comme ils l'ont ordonné par cinq arrêts pour Me Boudard contre les exposans.

Cela explique aussi en passant pourquoi le syndic des avoués, sûr de cette tactique, dans sa lettre, a osé répondre avec tant d'iniquité, d'absurdité et d'audace, à un magistrat courageux qui invoquait de lui la discipline pour arrêter les progrès de ces horreurs, qu'il n'avait rien à requérir contre les malfaiteurs ses confrères, quand il aurait dû s'empresser de faire porter à la chambre les prétendus originaux de ces quatre-vingts requêtes, ou requérir défense de les faire si elles n'existaient pas, et faire cesser ces demandes scandaleuses faites pour en avoir le prix; poursuivre la punition des coupables, faire un auto-da-fé pour l'exemple, et ne pas laisser les exposans et leurs enfans en proie encore à la cupidité, aux vengeances des races présentes et futures des avoués, comme tant de justiciables et des rois même l'ont éprouvé, et que l'histoire et les hommes expérimentés disent qu'il faut le craindre.

C'est aussi ce qui fait qu'aujourd'hui les exposans veulent, avec soin, tout éteindre, ne pas laisser, après eux, des germes de procès, et des taxes de dépens suspendues, et dont la suspension seule de plus de sept ans démontre l'iniquité et les concussions que l'on croyait faire réussir.

Pourquoi, dira-t-on peut-être ici, l'arrêt du 26 floréal an 13 porte-t-il, comme la lettre du syndic de nivose précédent, qu'il fallait attendre les taxes, et n'a-t-il pas sévi contre les auteurs des quatre-vingts requêtes, et contre l'arrogant syndic qui avait annoncé, comme cela est arrivé, que probablement M. Selves ne serait pas écouté s'il osait continuer ses plaintes contre les excès, et que c'était de la part d'un magistrat un mauvais exemple ? Pourquoi cette conformité entre la lettre du syndic des avoués et l'arrêt des juges ? Pourquoi les avoués n'ont-ils pas continué les taxes ? Pourquoi les juges n'ont-ils pas écouté les plaintes depuis sept ans, ni répondu les requêtes pour s'abstenir et laisser aller les exposans devant d'autres juges ? Pourquoi ont-ils continué, au contraire, de juger dans toutes les occasions où ils ont pu les écraser ?

Pourquoi tout cela, uniquement utile aux avoués, et pour se dispenser de les comprimer ? Pourquoi laisser les exposans, pères de famille, et toutes les familles qu'ils président, ainsi opprimés par la perspective d'une oppression éternelle ? Pourquoi, encore une fois, cette conformité d'idées entre les avoués et les juges, qui disent qu'on ne sera pas écouté, qui n'écoutent pas, et qui mettent au jour et affichent des arrêts dans lesquels ils allèguent vaguement et accusent les exposans de dire des injures aux avoués et à la magistrature, sans vérifier les faits d'après les plaintes et les preuves indiquées, sans vouloir même réfléchir qu'ils sont notoires et presque tous justifiés par des écrits authentiques, et dont la preuve vocale serait d'ailleurs admissible ? Pourquoi ne répond-on aux faits dont on a le droit de se plaindre, et prouvés, qu'en les passant sous silence, et en imaginant des prétextes pour faire des suppressions, des affiches vagues, qui ne sont alors que des abus d'autorité, des excès de pouvoir commis par les inculpés eux-mêmes ?

Ah ! pourquoi ? Cela n'a déjà été que trop senti et expliqué, et les autres détails doivent être épargnés pour abréger, pour l'honneur de la magistrature, pour ne pas irriter encore les passions, augmenter les fautes des aveugles, et leur donner prétexte d'achever de ruiner les exposans avant qu'ils ayent pu les faire bien connaître, lié leurs mains et leur langue. Ménageons nos forces pour ce grand œuvre, et pour le moment, contentons-nous de dire que s'il n'est pas encore ici démontré que l'intérêt et les passions des malfaiteurs, et la prévention, dominent les juges, et qu'il faut en éloigner les exposans pour eux et pour l'exemple, rien ne pourra être prouvé.

Mais nous ne sommes pas encore à la fin des faits qui se présentent sous notre plume, et que toujours l'intérêt public, plus que celui des exposans, commande de publier.

Les trahisons de Me Boudard, avoué d'appel, qui avait donné aux exposans Me Arrault, son associé, pour avoué de première instance, ne pouvaient manquer d'avoir à leur suite, de la part de ces deux avoués, des actes de cupidité et d'exaction semblables à ceux de leurs confrères contre les exposans.

On a vu que c'était en 1806 que l'avocat honorable des exposans leur déclara et écrivit avec tant de courage et de regret, qu'il était forcé d'abandonner leur défense, parce que les avoués faisaient corps contre eux, les faisaient écouter défavorablement par les juges, qui étaient pleins de prévention, et qu'il y avait un *tolle* insensé qui gagnait par imitation.

Alors les exposans furent avertis d'un acte de cupidité de leur avoué Arrault, de première instance qui, après un premier ordre du prix d'une vente de la fatale maison qui avait donné lieu à la procédure de faux, où sur six juges, cinq furent corrompus, se permettait d'appeler dans l'ordre du prix d'une seconde vente tous les créanciers du premier et du second vendeurs.

Ce fut l'avoué honnête qu'avait alors la régie créancière qui observa aux exposans que cette fatale maison, qui avait déjà coûté plusieurs fois sa valeur en frais, et plusieurs crimes, allait encore causer des nouveaux frais bien inutiles.

Les exposans furent forcés de révoquer l'avoué

Arrault ; et l'on devine qu'aussitôt un mémoire de frais innombrables leur fut notifié. Cet avoué, qui ne voulait pas avoir fait son affaire à moins d'environ mille louis, faisait monter son mémoire à cette somme, et demandait pour solde à peu près 13,000 fr., parce qu'il avait reçu des exposans, ou de leurs débiteurs, 10 à 11,000 fr. qui auraient été deux fois trop suffisans, si cet avoué n'eût pas multiplié les êtres inutiles.

Pour aller vite, et avoir leurs pièces, les exposans remirent la copie du mémoire de frais à un avoué, afin de commencer de prendre, suivant la mauvaise forme, l'avis de la chambre des avoués. Ce fut le sieur Delahaye, membre de la chambre, qui donna cet avis, et commença de faire un arrêté de taxe à 21,117 fr., en renvoyant à la chambre certains articles sur lesquels il ne donna pas d'avis, et notamment un article d'une gratification de 1200 fr., demandée pour avoir aidé M. Selves à emprunter 50,0000 fr. qui lui étaient nécessaires pour désaltérer des avoués, et Arrault lui-même, qui le tourmentaient pour de l'argent, et qui l'auraient exproprié.

Croirait-on qu'avec la rapidité de l'éclair, et sans vouloir remettre, malgré la loi, aucune pièce, jusqu'à ce qu'il fût entièrement payé du solde, Arrault assigna et poursuivit en première instance, un jugement prononcé par M. Lebeau, gendre d'avoué, alors vice-président en première instance, et actuellement juge de la Cour impériale, et confirmé sur l'appel, avec la plus grande rapidité, par un arrêt prononcé par M. le président Agier, sans pouvoir en aucune manière se faire entendre, et comme si l'avis de l'avoué Delahaye eût été une taxe, un jugement arbitral, sans appel, et que les juges ne dussent rien examiner dans les avis des avoués: cela fut fait avec cette vitesse, dans l'espoir qu'on parviendrait par cet article à exproprier les exposans.

Croirait-on que, lorsqu'il fallut payer devant notaire environ 13 ou 14,000 fr. en frais et intérêts, et frais de frais à cet avoué, qui avait pris des inscriptions hypothécaires, et qu'il fallut les emprunter pour ne pas être expropriés, et que cet avoué devait en même temps remettre les procédures justificatives de ces frais, il soutint qu'il fallait les prendre sans les compter, ou avoir un nouveau procès pour cela, dans lequel les exposans auraient probablement succombé, comme cela leur est arrivé avec Boudard, leur avoué d'appel.

Il fallut donc les recevoir sans compter, tandis qu'il y avait une foule de pièces irrégulières, incomplètes, et d'autres qui manquaient, si bien que les exposans, pour ne pas tout noyer dans des détails, se bornèrent à défier l'avoué, dans le procès-verbal du notaire, de montrer les pièces justificatives de la dépense de 4 ou 5000 fr. de papier timbré pour prétendues affiches qui avaient été passées dans la somme énorme payée; et comme elles n'y étaient pas, il fut par là constaté qu'il n'y avait en effet dans les pièces ni affiches, ni quittances d'imprimeurs, ce qui aurait dû suffire sur l'instant, comme il suffira un jour, pour la restitution au moins d'environ 5000 francs de cet objet.

Mais jusqu'ici tous les cris à cet égard des exposans n'ont pu encore être entendus devant les juges de Paris, parce qu'on ne veut pas qu'il existe jamais des preuves que des avoués demandent, et que d'autres avoués passent dans leurs avis, et qu'ensuite les juges rendent exécutoires ces avis d'avoués, qui sont de véritables concussions, dont les lois rendent formellement les juges responsables, et que dans cette occasion on n'a pas voulu surtout mettre en évidence la célérité et la négligence blâmable de MM. Lebeau, gendre d'avoué, président de première instance, et Agier, président d'appel, qui auraient été convaincus d'avoir homologué sans vouloir rien examiner, un avis qui allouait des sommes énormes à des avoués, pour des pièces qui n'existaient pas.

La faveur pour l'avoué Arrault révoqué, et pour l'avoué Rousseau, constitué à sa place par les exposans, a bien été plus loin en première instance et en appel.

Il est arrivé que, tandis qu'Arrault avait été révoqué pour avoir appelé dans un second ordre des créanciers avec lesquels il en avait été fait un premier, et que l'avoué Rousseau, constitué à sa place, avait débuté dans sa première comparution par protester contre ces frais, et contre celui qui les avait faits, qui était Arrault, s'est ensuite entendu avec Arrault, et a laissé continuer, sous son nom, par Arrault lui-même, les poursuites frustratoires, et en a partagé avec lui les produits.

Mais comme cela se faisait à la requête des exposans, les créanciers, sur lesquels les fonds manquaient, se sont plaints, ont fait juger que les frais exposés, en appelant dans un second ordre les créanciers, d'une première vente, suivie d'un ordre, étaient frustratoires, et ont fait condamner les exposans à les leur rembourser par un arrêt du 30 décembre 1807, qui réserva bien en même temps aux exposans leur recours contre qui de droit.

Mais quand les exposans ont voulu exercer ce recours, un autre arrêt du 27 février 1811 a mis en doute si les dépens que le précédent déclarait frustratoires l'étaient réellement ; il les a appelés au contraire prétendus frustratoires. Cet arrêt a dit, contre la vérité, et toujours sans lire, que M. Selves n'avait pas fait des réserves qui non seulement n'étaient pas nécessaires, mais qui d'ailleurs se trouvent à chaque ligne depuis le moment qu'il révoqua Arrault et constitua Rousseau, comme le premier dire de Rousseau le porte; et dans l'acte notarié, lors duquel il paya Arrault comme forcé et contraint.

Ainsi, quand il faut que M. Selves rembourse les dépens que les avoués ont faits et pris mal à propos chez un acquéreur, on les juge frustratoires : quand il faut que les avoués, révoqués pour s'être mal conduits en faisant ces dépens, les remboursent à M. Selves, la même Cour juge qu'ils ne sont pas frustratoires, pour en laisser victime M. Selves; sans même que le premier arrêt qui les a jugés frustratoires soit ni rétracté, ni attaqué.

Voilà comment les exposans sont traités, joués, mystifiés par les avoués qui, comme on voit, savent en même temps faire dire sans cesse par les juges ce qu'ils veulent, et les faire contredire ouvertement.

Les exposans sont-ils blâmables de vouloir qu'on

les éloigne de ces avoués et des juges qu'ils entourent ?

Mais si c'est un jeu, une mystification que nous, venons de développer, en voici encore une autre d'une espèce bien plus révoltante, et dans laquelle M. le premier président Séguier a fini par se donner volontairement des torts dont il ne s'excusera jamais, et qu'il aurait pu réparer à temps s'il eût voulu écouter M. Selves, qui, pour prouver sa vénération pour l'un des plus estimables personnages de l'empire, a été deux fois faire à M. Séguier des prévenances auxquelles il n'était pas tenu, et que M. Séguier, d'après ses réponses, ne méritait pas.

Ces prévenances et la patience des exposans depuis cinq ans, dont on va voir les preuves, jutifient que ce n'est qu'à regret, et par force, que les exposans invoquent aujourd'hui les faits et la loi, parce qu'ils ne peuvent pas souffrir qu'on achève de les détruire ; et c'est, ils le répètent, avec regret qu'ils vont développer le blâme particulier que mérite M. Séguier.

Le débiteur des exposans attaqua les titres de la régie qui le poursuivait. La régie fut forcée de laisser subroger les exposans à la poursuite, par un arrêt de style du 15 février 1806, qui accorda les dépens, tant aux exposans qu'à la régie, comme frais de poursuite et privilégiés, parce que cela ne pouvait pas être autrement dans un arrêt de forme.

Ces frais n'étaient autres pour Lescot, avoué de la régie, que l'émolument de sa comparution à l'audience ; encore, même à la rigueur, il ne lui était rien dû, parce que, selon la loi, quand la régie poursuit sur une contrainte, elle ne peut percevoir, comme on ne peut demander contre elle, que les déboursés : tout autre assurément qu'un avoué cupide aurait dédaigné cette misère; mais voici quel a été le ravage de ce chétif émolument, d'une comparution qui n'était qu'un objet d'environ 6 f., et qui n'était pas même dû.

Me Boudard, avoué des exposans, subrogé à la régie, fit expédier l'arrêt : les exposans ne se mêlaient pas de ces formalités; il continua les poursuites.

Mais, dans un accès de cupidité, il passe par la tête à l'avoué Lescot qu'il lui est dû une comparution d'audience de l'arrêt rendu le 15 février 1806, dans lequel M. Selves était partie; et sans y réfléchir davantage, sans rien lire, comme il est arrêté que toujours M. Selves, à tort et à travers, doit être condamné aux dépens, l'avoué Lescot crut peut-être même de bonne foi que M. Selves avait été condamné aux dépens, et rédigea une déclaration de dépens contre lui, au nom de la régie, avec distraction en sa faveur, par l'arrêt du 15 février 1806. Sa comparution avec le fretin de forme produisit une liste d'environ trente articles; il fit nommer, par la chambre, un avoué taxateur, appelé Jaladon, qui, à son tour, taxa sans rien lire. Il est prétendu que Lescot signifia les trois différentes sommations de forme à l'avoué des exposans Boudard. Celui-ci, qui, dans son âme, s'était promis, quand ses confrères voudraient tourmenter, rançonner les exposans, et surtout M. Selves, de ne rien contrarier, de ne rien lire quand il n'y était pas forcé, et de ne jamais le bien faire, même de le refuser s'il pouvait quand on l'y forcerait, laissa poursuivre cette taxe contre M. Selves, tandis qu'il avait à la main la grosse de l'arrêt qui accordait aussi bien les dépens à M. Selves qu'à la régie, et qu'il n'avait qu'à le faire voir à l'avoué taxateur pour l'arrêter et lui prouver que cette taxe était erreur ou malice.

Mais point du tout; l'avoué Boudard, à son tour, ne lit rien, fait le sourd, le muet, le mort; l'avoué Lescot, demandeur, attrape la signature de l'avoué taxateur Jaladon, qui fait déjà monter, par son arrêté, à 164 fr. l'article de la vacation et les trente articles accessoires. L'avoué Lescot va, avec ce papier, signé Jaladon, trouver le mentor Fondeur, greffier en chef, qui, sans rien lire encore lui-même, va trouver M. le président Séguier, qui à son tour ne lit rien, et qui met et signe son arrêté particulier, copié sur celui de l'avoué Jaladon, pour prendre exécutoire, contre M. Selves, de ces 164 fr.

Ainsi tous ces messieurs, quand le premier moteur tombe dans une faute volontaire ou non, parce qu'il ne lit pas, tous les autres s'en rapportent à lui, se mettent à la file, et comme des capucins de cartes, y tombent avec lui; ce qui est pourtant un peu fort: car lorsqu'un avoué demande, il peut y avoir de sa part erreur ou cupidité, et quelqu'un de ceux qui règlent sa demande devraient bien au moins vérifier s'il y a titre.

Lescot, avec cet exécutoire, fait une opposition à la caisse d'amortissement, sur environ 20,000 fr. personnellement contre les exposans; et quand les exposans, après une procédure de contribution contradictoire et close, et après avoir payé eux-mêmes d'autres créanciers colloqués pour abréger les suites des procédures et en éviter la dépense, vont à la caisse d'amortissement, à l'effet de retirer cette somme considérable; on leur répond qu'il y a une opposition à la requête d'un avoué, en vertu d'un exécutoire de 164 fr. Ils sont étonnés, et disent qu'ils n'en connaissent pas la cause; mais qu'on n'a qu'à retenir les 164 fr., et leur remettre le suplus des 20,000 fr. La caisse leur réplique que les 164 fr. peuvent entraîner d'autres frais capables de dévorer les 20,000 fr., et qu'il faut qu'ils aient un ordre de la justice, au moins sur référé.

Les exposans introduisent un référé; mais en attendant, on met en mouvement l'agent, ou à mieux dire l'avoué du trésor, et avant le référé jugé ou expédié, une nouvelle opposition est faite au nom du trésor, se prétendant créancier, et disant qu'il pouvait faire recommencer la contribution dès que les deniers n'étaient pas retirés; parce qu'en effet le chétif exécutoire, signé si mal à propos par M. Séguier, a retardé, empêché le retirement des 20,000 fr., même en laissant les 164 fr.

Là-dessus, procès solennel avec le trésor en première instance, et puis procès en appel sur la question si en pareil cas une contribution close pouvait être rouverte : malgré que le Code paraisse bien clair à cet égard, pour repousser cette nouvelle opposition, on barbouilla un papier infini. Dans cette occasion, l'intérêt des autres créanciers fit bien gagner aux exposans la question, et maintenir la contribution close et écarter l'agent; mais les frais allèrent peut-être à plus de 3000 f. supportés ou perdus par le trésor, et il y a eu peut-être autant de faux frais perdus pour les exposans ou autres, ainsi que le temps et les courses.

Le jugement et l'arrêt volumineux furent prononcés

les 27 janvier et 1er juin 1809 ; le fatal exécutoire avait été décerné par M. Séguier, le 13 janvier 1807. Ces deux procès avec le trésor n'ont pas été les seuls produits par le fatal exécutoire, car il y eut d'abord référé pour la main-levée de l'opposition Lescot, et les parties furent renvoyées à se pourvoir.

L'intrépide avoué Lescot assigna les exposans en première instance, en validité de l'opposition faite en vertu de l'exécutoire, comme s'ils étaient personnellement ses débiteurs. Les exposans répondirent simplement que, l'arrêt ne les condamnant pas aux dépens, ils poursuivaient à la Cour d'appel la nullité de l'exécutoire pris à son greffe, et qu'il fallait rejeter l'assignation en validité.

Mais M. d'Herbelot, gendre d'avoué, vice-président de première instance, qui aurait dû rejeter sur l'instant l'assignation en validité, éluda et ordonna un ajournement indéfini de la cause, sous prétexte de l'instance engagée à la Cour d'appel, en nullité de l'exécutoire. Il faut dire que Lescot n'a plus osé poursuivre cette instance.

Les exposans s'étaient donc naturellement pourvus à la Cour d'appel, où l'exécutoire, sans condamnation préalable, avait été décerné par M. Séguier, et ne pouvaient pas se pourvoir ailleurs. Le mentor Fondeur, greffier en chef, avait paru trouver la conduite de l'avoué Lescot si révoltante, qu'il disait avoir obtenu de lui qu'il irait devant notaire se désister de l'exécutoire, des instances, et payer tous les frais. M. Fondeur avait en conséquence différé de faire rendre un arrêt sur une requête qui lui avait été remise pour faire enjoindre à Me Boudard de prêter son ministère contre l'avoué Lescot; car la trahison envers les exposans, la désobéissance de Me Boudard envers les précédentes injonctions de la Cour, ressuscitèrent même à l'égard de Lescot, quoique Boudard eût partagé la faute de laisser prendre l'exécutoire contre les exposans, en ne les défendant pas, en ne montrant pas même l'arrêt expédié à leurs dépens.

Mais les avoués, faisant corps, s'emparèrent de la cause, et s'avisèrent de la traiter dans leur chambre ; de prendre dans un arrêté la tournure de dire que Lescot n'avait qu'à déclarer qu'il ne voulait plus faire usage contre M. Selves, personnellement, de l'exécutoire; mais agiter désormais la question ridicule, si M. Selves ne devait pas payer les frais privilégiés que Lescot avait négligé de demander dans la contribution, comme si M. Selves, et avec lui les autres créanciers, peuvent être contraints à rapporter : ce qui est dire que la contribution dans laquelle Lescot donna une requête tardive peut être recommencée, quoiqu'il en eût déjà coûté au trésor, contre lequel le contraire a été jugé, plus de 6000 fr., et comme si cela avait rien de commun avec l'existence d'un exécutoire décerné sans condamnation, et sans lire personnellement contre les exposans.

Mais ce perfide arrêté, quoiqu'il dise que Lescot abandonne l'exécutoire, en avouant qu'il n'a pas pu être pris, ne laissa pas moins subsister l'opposition de Lescot, qui subsiste encore, faite uniquement en vertu de l'exécutoire. Car lorsqu'on a été sur l'audience d'appel, pour éluder de condamner l'avoué Lescot, la cabale a imaginé la tournure de faire prononcer, le 17 juin 1809, par M. Agier, un arrêt qui renvoie en première instance la demande en nullité de l'exécutoire.

Ainsi, quand on a dû rejeter en première instance le procès en validité d'une opposition contre les exposans, parce qu'il était convenu qu'ils n'étaient pas débiteurs, les juges de première instance se sont arrêtés sous prétexte qu'il y a une instance en appel en nullité de l'exécutoire; de leur côté, les juges d'appel, seuls compétens contre l'exécutoire pris à leur greffe, qu'on presse de prononcer la nullité qui doit faire cesser tout procès, renvoient en première instance, sous prétexte qu'il y a demande en validité de l'opposition. A-t-on jamais vu ballotter, jouer encore ainsi des justiciables ?

Aussi, quoique cet arrêt de renvoi ait été rendu depuis le 17 juin 1809, les exposans ne voulant pas courir le risque encore d'un autre ballottage, voyant l'impossibilité d'avoir justice à Paris contre aucun avoué, dès qu'ils font si évidemment corps contre eux, ont pris le parti de suspendre tout nouveau procès, à suite de cet exécutoire, jusqu'à ce qu'ils aient obtenu d'aller devant d'autres juges que ceux de première instance et d'appel qui leur ont fait éprouver ce traitement, mille fois pire qu'un déni de justice; car dans un déni de justice, après deux réquisitions, on peut demander d'autres juges, qui enfin vous jugent, au lieu qu'on n'arrive jamais à avoir justice et à finir lorsque des juges composant divers tribunaux, se renvoient ainsi les justiciables de l'un à l'autre, en secondant les avoués, qui ne veulent que des prétextes et des renvois pour faire des frais.

Croirait-on que Me Boudard, qui, dans cette poursuite contre Lescot, n'a prêté son ministère que par force, et tandis que M. Selves lui-même a été forcé de faire les écritures et les courses, jusqu'à ce que l'injonction a forcé Me Boudard à aller sur l'audience ; que Me Boudard, qui a autant de tort que les autres, de n'avoir pas prévenu cet exécutoire, quand on lui fit les sommations pour la taxe, en présentant l'arrêt qui, au lieu de condamner les exposans aux dépens, les leur accordait ; qui, par cette infraction à son devoir, est, selon le texte formel de la loi, responsable solidairement avec l'avoué Lescot, demandeur, l'avoué Jaladon, taxateur, et M. le président Séguier, qui a sanctionné la taxe et décerné l'exécutoire, et qui ont tous agi, comme on a vu, sans lire l'arrêt en exécution duquel ils procédaient; croirait-on, disons-nous, que Me Boudard, si négligent, si traître, si coupable, qui n'a que donné son nom et fait expédier l'arrêt de mystification, rendu en appel, qui renvoye en première instance ce qui, en première instance, avait été renvoyé en appel, a formé et poursuit dans le moment un procès particulier contre les exposans, pour quelques frais de cette instance, sur laquelle cet arrêt a été rendu, et qu'il veut même ces frais comme ordinaires quand ils ne sont que sommaires, puisqu'il ne s'agit que d'une demande personnelle, au fond de 164 fr., ce qui fait un sixième procès causé par le fatal exécutoire ; et il en attend tout le succès qu'il peut désirer, parce qu'il n'a rien proposé, comme on verra, contre les exposans, qu'il ne l'ait obtenu, surtout à la chambre de M. Agier, à laquelle ce sixième procès a été encore distribué par M. Séguier. Celui qu'il faudra faire quand les exposans auront de nouveaux juges, sera le septième. Voilà quelle est la progression, le venin du coup d'épingle de Lescot, lorsqu'il a imaginé de faire, pour une chétive plaidoirie de six francs, une déclaration de dépens contre les exposans qui n'y étaient pas condamnés, et qui, lorsqu'ils en ont été avertis, trouvant le mal fait, n'ont pu évidemment l'empêcher, non plus que les procès au nom du trésor, auxquels il a bien fallu défendre, et à tout ce qui a suivi et qui suit encore.

Mais, dira-t-on, ce n'est peut-être qu'une erreur, qu'une négligence de n'avoir pas lu, de la part des avoués Lescot, Boudard, Jaladon et M. Séguier, quand ils ont fait et signé cette taxe et l'exécutoire, sans s'apercevoir que l'arrêt ne condamnait pas les exposans aux dépens.

Fût-il vrai que ce ne fut qu'une erreur, et nous ne voulons pas soutenir le contraire, tous, et même M. Séguier, selon toutes les lois, surtout celles de 1667, de mars 1791, de brumaire an 2, et même le nouveau Code, ne seraient pas moins responsables, et M. Séguier, dans le cas de la prise à partie; parce que peu importe que ce soit par malice ou par erreur qu'on fasse des exécutions contre ceux qui ne sont pas condamnés; il ne faut pas moins que ceux qui les font en réparent le préjudice.

Mais en convenant, avec tous ceux qui le voudront, que ce fut par erreur que la taxe et l'exécutoire reçurent l'existence, s'il n'y eut pas alors de mauvaise intention de vexer, persécuter les exposans, s'il n'y eut pas alors malice, n'est-elle pas survenue depuis, et de la part des avoués et de la part des juges qui tout en convenance de la nullité de l'exécutoire, se moquent, jouent depuis 1807 les exposans, c'est-à-dire depuis six ans, les laissent courbés sous l'opposition faite en vertu de cet exécutoire, causent des frais en les ballottant d'un tribunal à l'autre, de référé à la première instance, de première instance à la Cour d'appel, et puis de la Cour d'appel, en voulant les faire rétrograder en première instance, sans avoir rien jugé, et qui les ballotteraient encore, si M. Selves n'avait pas résolu de finir ses travaux d'utilité publique, et de s'occuper ensuite, comme il le fait aujourd'hui, de s'éloigner des juges qui le traitent ainsi, et d'en avoir d'autres qui jugent, qui soient froids et incapables de servir la cupidité des avoués, et les passions.

Quelle part M. Séguier n'a-t-il pas dans cette involution de procédures causées par cet exécutoire? Dira-t-on aussi, que s'il a d'abord pris et signé l'arrêté sur lequel l'exécutoire a été expédié, ce n'a été et ce n'est encore qu'erreur de sa part, et qu'il n'y a pas eu alors, ni depuis, négligence, malveillance, inimitié, dédain, (on peut le dire sans injure) de contribuer à réparer le mal? Dira-t-on que cette erreur ne se soit pas convertie en prévarication, en forfaiture?

Mais si l'on apprend avec quelle froideur, quelle patience et quel ménagement M. Selves s'est conduit envers M. Séguier, les avis qu'il a eu la bonté de lui donner, l'indifférence de M. Séguier à ne pas s'en occuper, par l'espoir que les exposans ne seraient pas écoutés, comme le syndic des avoués le prophétisa dans sa réponse à M. Selves, de nivose an 13, on serait tenté de croire que nous sommes sur une terre où il n'y a pas de justice, et où il n'y aura qu'arbitraire, tel que le voudra M. le président d'une Cour, si nous pouvions oublier que nous avons, à la tête de l'Empire, un chef qui n'aura besoin que d'être instruit de ces écarts, pour faire naître l'ordre le plus austère.

M. Selves est allé dans le tems deux fois, avec la plus grande mesure, auprès de M. Séguier, pour lui faire la prévenance, l'avertir, lui rendre le service de lui expliquer qu'il s'était compromis, en décernant, sans cause, l'exécutoire qui a eu des suites si pernicieuses, et qu'il pouvait arrêter le mal.

Nous disons que M. Selves lui a rendu alors service, parce que M. Selves ne lui devait rien; il aurait pu sur l'instance invoquer les lois de 1667, de 1791 et de brumaire an 2, sous l'empire desquelles cette taxe et l'exécutoire ont reçu l'existence; il aurait pu réclamer de suite surtout l'exécution du texte formel de la loi du 27 mars 1791, sans cesse appliqué par la Cour de cassation, qui porte, article 33: « Que toute perception » d'émolumens, contraire aux réglemens, est défendue » à peine de concussion, et que le juge qui aura fait la » taxe, en sera personnellement responsable, sauf son » recours contre l'officier qui aura trop reçu. » En conséquence, demander qui lui fût permis d'assigner M. le président Séguier, pour le rendre responsable de tout et le prendre à partie.

Au lieu de cela, M. Selves, sans rancune, malgré les mauvais procédés de M. Séguier, lors de l'arrêt du 7 ventose an 12, relatif aux créances supposées, malgré son déni de justice avec M. Mourre, sur la dénonciation des griefs contre les avoués, remise en exécution de l'arrêt du 2 fructidor an 13, M. Selves va à l'hôtel de M. le président Séguier, aussitôt qu'en 1808 il trouva l'entrave mise, par le fatal exécutoire, à la caisse d'amortissement; il lui représente que c'est sans doute une erreur, une surprise des avoués, de lui avoir fait signer cet exécutoire; qu'il est pressant et convenable qu'il mande l'avoué Lescot, demandeur, lui enjoigne de discontinuer ses poursuites, de faire cesser le mal autant qu'il pourra, et qu'il doit même le réprimander, ainsi qu'à l'avoué Boudard, qui garda le silence, et à l'avoué taxateur, de n'avoir pas même lu l'arrêt qui prononçait sur les dépens, et qui n'y condamnait pas M. Selves contre lequel on avoit pris l'exécutoire.

M. Séguier, en faisant quelques réponses très-courtes, entendait-il le langage si clair de cette prévenance, ou ne l'entendoit-il pas ? M. Selves se retira de chez lui sans bon ni mauvais accueil, et sans être sûr si M. Séguier ferait ou ne ferait pas ce qu'il devait faire. Quelques jours après, voyant que M. Séguier ne faisait rien, et répugnant, malgré le besoin, à invoquer la loi contre M. Séguier, et dans la crainte d'affliger, non pas M. Séguier, parce qu'il ne méritait plus ce ménagement, mais ses vénérables protecteurs, M. Selves eut encore la bonté de rendre une seconde fois le service à M. Séguier, d'aller auprès de lui, au palais, lui représenter qu'il s'étoit compromis, de faire attention que c'était bonté de différer d'invoquer contre lui les lois, et qu'il devoit, pour son intérêt et même pour son honneur, éclaircir le fait, et y porter tout le remède encore possible.

Mais M. Séguier, comme si on le fatiguait en ne lui parlant que pour lui, sans faire attention que c'était un ancien magistrat, qui l'était encore, qui, sans éprouver jamais aucun reproche ; et au contraire toujours avec distinction avait jugé, présidé avant lui, et avait vingt ans plus que lui, qui lui parlait avec aménité, qui, par ses cheveux blancs, méritait au moins d'être écouté, quand il ne sollicitait ni grâce, ni faveur, quand il ne voulait que prévenir des procès, et mettre M. Séguier lui-même à l'abri d'une responsabilité, d'un éclat qui ferait dire de lui qu'il y avait ou grande ignorance ou grande légèreté, se permit, en s'enfuyant, dès qu'il fut au bas de l'escalier, de répondre à M. Selves qu'il pouvait faire ce qui lui conviendrait, et sans s'émouvoir encore, quoique M. Selves lui répliquât que ce qui devait lui convenir ne conviendrait pas à M. Séguier.

On peut déjà juger en admettant que l'existence de l'exécutoire n'a été, dans le principe, qu'une erreur de la part de M. Séguier, si depuis qu'il a été reconnu par tout le monde, que cet exécutoire devait au plutôt être détruit, surtout pour l'honneur de M. Séguier, on peut se dispenser de blâmer sa résistance à s'en occuper pour le détruire, le dédain avec lequel il reçut les avis réitérés de celui qui pouvait le prendre aussitôt à partie, sans être obligé à lui faire aucune prévenance, et sa négligence à employer son autorité pour réclamer aussitôt un réquisitoire du ministère public, contre les avoués qui l'avaient surpris, et si tout cela ne caractérise pas des fautes qui ont converti son erreur en prévarication, en forfaiture.

Car l'erreur, quand elle est reconnue, si elle n'est

pas réparée aussitôt qu'on le peut, si, comme l'ont fait les avoués et les juges dans notre cas, elle est prolongée par des arrêtés, des détours, des renvois d'un tribunal à l'autre, le mal devient aussi grand, aussi diabolique, que s'il avait été commis avec mauvaise intention; et l'on peut alors appliquer, dans toute sa force, la maxime *humanum est errare, diabolicum perseverare.*

Que dirons-nous, si nous rappelons que, depuis ces représentations verbales, faites à M. Séguier, il y a eu encore, pour éviter l'éclat, une foule d'écrits et de requêtes qui ont fait ressortir le mal de cet exécutoire; qu'il y a eu aussi surtout les quatre requêtes, dont l'une est du 19 juillet 1810, avec sept notes imprimées, et qui ont été déposées au greffe; que ni M. Mourre, procureur général, ni la Cour, ne se sont pas occupés d'y répondre pour mettre fin à tout; qui n'ont pas même été répondues lorsqu'il a été fait à la Cour, par huissier, en janvier et février 1811, les deux réquisitions ordonnées par le Code, ce qui seul autorise encore à dire qu'il y a eu et qu'il y a, surtout de la part de M. Séguier, qui, en pareil cas, doit convoquer et assembler la Cour, une rébellion ouverte envers les lois qui tracent le devoir des juges. Car encore les exposans ni les greffiers n'ont pas vu revenir au greffe la courte requête pressante remise le 19 juillet dernier, que M. Séguier emporta de suite.

Ce seul fait, dans lequel aucune circonstance n'est altérée, qui ne porte avec lui aucune injure, puisqu'il ne présente que la vérité nécessaire à dire, serait encore suffisant pour faire sentir le besoin que les exposans soient éloignés des avoués et des juges de la Cour impériale de Paris, et surtout de M. Séguier, qui ordonne que les exposans soient exécutés lors même qu'ils ne sont pas condamnés; qui, par des détours, prolongent les effets de ce mal, jouent les exposans, les persifflent, les ballottent, les mystifient, et les écrasent toujours en frais sans vouloir les écouter.

On doit trouver en même temps que les sept à huit procès, déjà causés par ce fatal exécutoire, et qu'on n'a pu éviter, sans compter ceux à venir, ont eu leur source dans la faute particulière et blâmable de M. Séguier, depuis surtout que son autorité étant avertie, il aurait pu, par un seul mot, en mandant l'avoué, le forcer à arrêter les progrès du mal, et qu'alors M. Séguier doit, en conscience, tout réparer; qu'il est même responsable, par la loi, de tous les frais et faux frais causés au trésor, aux exposans et à d'autres, sauf son recours, selon la loi de mars 1791, contre ceux qui, dans le principe, l'ont induit dans l'erreur qu'il n'a pas voulu réparer. Autrement nous pourrions dire encore ici qu'il faudrait renoncer à faire usage de la raison.

Nous érions donc fondés à demander à la Cour que, selon le texte de la loi, il nous fût permis d'assigner et prendre à partie M. Séguier pour le faire déclarer responsable, si d'autres faits n'obligeait pas la Cour elle-même de s'abstenir, pour avoir d'autres juges devant lesquels nous pourrons faire cette demande.

Nous croyons ce fait assez démontré, sans nous étendre davantage; nous passons à un autre qui, sauf quelques observations qui le suivront, sera à peu près le dernier.

Ce qui va être dit prouverait encore seul la cupidité

de Mᵉ Boudard, avoué; l'inconduite de la corporation des avoués, la négligence des juges, et la faveur continuelle qu'ils accordent aux avoués.

On va voir que cette corporation a bien été obligée d'avouer qu'il y avait au moins tentative de concussion pour environ la moitié de ce que Mᵉ Boudard demandait; mais comme un confrère ne doit jamais avoir tout à fait tort, la corporation a toujours voulu que Mᵉ Boudard fût créancier d'un solde quelconque; et pour cela elle lui a passé des articles aussi illicites que ceux rejetés; elle a voulu, et on a déjà senti ses motifs, que les exposans fussent privés des pièces dont Mᵉ Boudard est comptable envers eux, jusqu'après le paiement du solde à Mᵉ Boudard; et que lorsqu'il leur remettrait les pièces, il fussent obligés de les recevoir sans compter, sans même en constater l'état ni les coter par première et dernière en présence de Boudard : tout cela, quoique si incroyable, a été successivement ordonné par cinq arrêts, parce que Mᵉ Boudard et la corporation des avoués l'ont voulu. En voici la courte et nécessaire explication :

Il serait difficile de rien imaginer de plus affligeant, et jusqu'à quel point la majorité des juges, et surtout MM. Séguier et Agier, présidens, se sont oubliés dans l'affaire de cet avoué contre les exposans.

L'avoué Boudard, comme on le sait, occupait pour les exposans : il aurait dû, sans doute, remplir pour eux tous les devoirs de son ministère; mais nous avons expliqué comment, en vendémiaire an 13, les faiblesses et les trahisons de Mᵉ Boudard ont commencé.

Ce fut après les trois scènes du faux pratiqué par un

avoué et un huissier, et impuni par des juges corrompus ; du complot fait et exécuté par des avoués de ressuciter deux créances éteintes ; et des quatre-vingts requêtes faites par quatre avoués, et lorsque cette horreur obligea les exposans à se plaindre contre les avoués personnellement.

On sait que M. Selves s'adressa sans succès au syndic des avoués pour détruire radicalement, par la discipline, la source de tous les procès, de toutes les vengeances et de la cupidité. On connaît l'étrange réponse de ce syndic, et l'étrange arrêt de floréal an 13, qui dédaigna de s'occuper de l'inconduite des avoués, et ordonna d'attendre les taxes qu'il n'a pas été possible, comme on l'a vu, de faire finir depuis sept ans, et dont les pièces ont été soustraites.

On a vu comment, progressivement, Me Boudard a violé son devoir, réfusé toute défense qui pouvait être contraire à l'intérêt de ses confrères, méprisé, désobéi aux injonctions successives de la Cour elle-même, sans que la Cour ait voulu l'en punir ni l'en blâmer.

Les avantages que les autres avoués ont pris, les arrêts qu'il ont fait rendre contre les exposans, faute par Me Boudard, avoué des exposans, d'avoir fait, dans des délais fatals, ce que la loi veut que les avoués seuls puissent faire ; les acquiescemens qu'il a ensuite donnés par connivence pour rendre les exposans non recevables à obtenir justice contre les maux qu'il avait causés.

L'impossibilité où les exposans ont été de faire statuer sur la dénonciation de leurs griefs contre les avoués, que l'arrêt du 2 fructidor an 13 avait ordonné qu'ils remettraient à M. le procureur général, qu'ils ne manquèrent pas de remettre de suite, et que l'inertie combinée, désespérante, surtout de M. Mourre et de M. Séguier, laissèrent alors, et ont laissé constamment depuis sans jugement, sans examen, sans autre réponse que celle de dire verbalement à M. Selves, après l'avoir prié de passer au parquet, qu'on ne pensait pas qu'on dût même lui en accuser la réception.

Tout cela réuni à la menace faite par la lettre du syndic des avoués, de nivose an 13, que M. Selves ne serait pas écouté s'il se plaignait trop fort, et à tout ce qui s'est passé jusqu'à la rébellion ouverte, constatée par les deux réquisitions inutiles faites à la Cour en janvier et février 1811, de rendre plusieurs requêtes avec les réponses, ne permet pas même aux plus incrédules de douter du complot le plus certain, de ne pas écouter les plaintes des exposans contre les pillages et les passions des avoués, et de les laisser à leur merci, négliger de les défendre, intercepter leur défense par des refus, la rendre inutile par des aquiescemens, toutes les fois que cela pouvait servir l'intérêt des avoués entre eux.

Dans cet état de choses, il fallait s'attendre que la cupidité de Me Boudard ne serait pas moindre que celle de ses confrères qu'il favorisait.

Cet avoué à son tour, sans aucun égard au bien que les exposans lui avaient fait même pendant qu'il se conduisait mal, ne songea qu'à les rançonner pour ses procédures, qui ne lui causaient presque d'autres déboursés que ceux qu'il faisait pour les rendre plus volumineuses à son bénéfice ; car la manière dont les exposans étaient traités ne donnait guère lieu à des déboursés pour des expéditions d'arrêt.

Me Boudard, cependant, avait reçu des exposans, ou de leurs débiteurs, lors de l'arrêt dont nous parlerons, au moins 10,732 fr., sans compter que les exposans n'ont pu voir alors eux-mêmes, selon la loi, le registre de recette de Me Boudard, ni les pièces qui auraient pu leur donner des renseignemens que Me Boudard avait reçu davantage.

Bref, Me Boudard, avoué d'appel, à son tour, n'a voulu, comme son associé l'avoué Arrault, de première instance, dont il a été parlé, avoir fait son affaire, et servi ou trahi les exposans, qu'au prix de 24,000 fr. ; et il monta ses batteries pour les faire condamner à lui payer cette somme.

Il donna d'abord un mémoire qu'il faisait monter à environ 22,000 fr., et il assigna les exposans en condamnation au paiement de 13,900 fr. pour solde, sans avouer même tout ce qu'il avait reçu.

Voilà une première instance portée à la chambre de M. Agier.

Ensuite Me Boudard, sous prétexte d'une liquidation prétendue faite et qui ne l'est pas encore, dans une affaire où il y avait environ 10,000 fr. de dépens faits par trois avoués, prétendant que dans ces dépens les frais qu'il disait lui appartenir, quoiqu'il n'y eût pas de liquidation particulière, montaient à 1470 fr., eut l'audace de présenter requête à M. Séguier, pour lui demander la permission de saisir contre les exposans, et M. Séguier la lui accorda. La saisie fut faite à la caisse d'amortissement; les exposans furent assignés par Me Boudard, en validité. Voilà un second procès qui resta à la chambre de M. Séguier, jusqu'à ce qu'après plusieurs procédés, dont quelques-uns sont nécessaires à rapporter, il fût indispensable de le joindre au précédent, avec lequel il n'eût jamais dû faire qu'un seul procès.

M. Selves alla représenter à M. le greffier en chef, Fondeur, qu'il était bien étrange que M. Séguier eût signé si légèrement, contre un magistrat pour un avoué, une permission de saisir sur la simple allégation de l'avoué, qui disait que l'objet était liquide sans qu'il le prouvât, et avant de s'être assuré, au moins par le registre de l'avoué, s'il n'avait rien reçu, et il lui prouva sur l'instant, par des écrits de Me Boudard, qu'il avait reçu au moins 10,732 fr. applicables à toutes les affaires des exposans, et lui observa que lors même qu'on pourrait regarder les 1470 fr. qu'il demandait comme liquides, pouvant donner lieu à une saisie, c'était à cet article que s'appliquait d'abord de lui-même ce que Me Boudard avait reçu, parce que, selon les lois répétées dans l'article 1256 du Code, « lorsque la quittance ne porte aucune imputation, le paiement doit » être imputé sur la dette que le débiteur a le plus » d'intérêt d'acquitter. » En un mot, en pareil cas, l'exception de la quittance est aussi prompte que l'action de celui qui se dit créancier.

Le greffier parut bien le sentir; mais loin de s'y prendre de manière à procurer aux exposans la main-levée de la saisie, aussi rapidement quelle avait été permise, le greffier mit la cause à un rôle qui ne s'appelait que les samedis, où elle resta six mois, depuis le 13 mars jusqu'au 18 août 1810, jour auquel il fut prononcé hardiment, par M. Séguier, un arrêt tout à fait opposé à la loi, et qui ordonna qu'il serait sursis à statuer sur l'instance de saisie relative aux 1470 fr. de l'article présenté comme liquide, jusqu'à ce qu'il aurait été statué sur la demande du grand mémoire illiquide; en sorte que malgré le texte formel de la loi, avec les 10,732 fr. de quittance à la main, les exposans ne purent pas faire cesser la saisie du prétendu créancier de 1470 fr., et les exposans ont resté courbés sous la saisie. Cet arrêt, en y réfléchissant bien, la loi et les quittances à la main, présente encore seul l'aveuglement le plus déplorable pour laisser ruiner les exposans, et les traiter comme si les lois n'étaient pas faites pour eux.

Déjà un arrêt du 10 mars 1810 avait renvoyé à la chambre des avoués, pour avoir son avis sur le mémoire de 22,000 fr. dans lequel Boudard demandait 13,900 fr. pour solde.

Mais il y avait des articles imaginaires et si extravagans, que la chambre elle-même, du premier coup, fut forcée de rectifier la recette, et au lieu d'environ 7000 fr. que Boudard avouait, de la porter à plus de 10,000 fr., de réduire la prétendue dépense de 22,000 fr. à environ 11,000 fr., et de dire que Boudard ne restait créancier que d'environ 507 fr. au lieu de 13,900 fr. qu'il demandait; c'est-à-dire que Boudard avait demandé, selon la chambre même, environ trente fois trop.

Il fallait que l'excès de Me Boudard fût bien saillant,

puisque la chambre même le déclara si fortement, mais avec tant de partialité encore pour Me Boudard, et en examinant si peu les pièces des autres articles alloués, que sur une première observation des exposans, sans qu'ils vissent eux-mêmes les pièces, Boudard fut encore obligé de se départir de vingt-quatre articles, parmi ceux que les avoués lui avaient passés, et qui diminuèrent les 507 fr. d'environ 400 fr. Si l'on eût même rectifié une erreur de calcul des avoués, leur opération, telle qu'elle était, rendait Boudard débiteur et passible de restitution par cette opération même.

Alors les exposans, toujours occupés à réunir et réduire les procès, crièrent tant, que Boudard n'aurait pas dû faire un second procès pour l'article des 1470 fr. qu'ils parvinrent à faire joindre et réunir les deux en un seul; ce fut à la chambre présidée par M. Agier qu'ils restèrent pour les juger, et que Me Boudard les plaida seul, comme il voulut, sans que les exposans eussent un défenseur; car, comment trouver, en pareil cas, des avoués, ni des avocats pour démasquer à l'audience les avoués, ni même un avoué qui veuille prendre des conclusions conformes à la loi contre ses confrères.

M. Selves, trop occupé ailleurs, et révolté des mauvais traitemens de M. Agier, qui, sans aucun motif, l'avait précédemment empêché d'articuler un seul mot, même de dire comment les menaces de la corporation des avoués lui avaient fait perdre son estimable avocat, ne pouvait pas aller à l'audience; et les opposans furent encore réduits à rédiger et faire imprimer une requête, dans laquelle ils retraçaient, avec autant de vérité que de vigueur, l'oppression qu'ils éprouvaient depuis dix ans, et surtout les circonstances de la corruption des juges, dans la première affaire, la malice qui s'en est ensuivie, l'interception continuelle de leur défense, et la prévention, l'aveuglement que chaque mouvement démontre.

Et de plus, afin qu'on ne prît pas les vérités nécessaires pour des injures, ils firent une nouvelle plainte écrite, qu'ils remirent à M. le nouveau procureur général qui, par sa ponctualité connue, la remit de suite à M. l'avocat général Joubert, qui devait porter la parole dans la cause, et qui, d'après son devoir, aurait dû requérir qu'il fût donné acte aux exposans de cette plainte, et que l'instruction en fût ordonnée.

Mais M. l'avocat général Joubert, quoique assurément très-peu occupé, quoiqu'il n'y eût à coup sûr rien de plus intéressant pour l'ordre public que cette cause, regardant malheureusement, selon l'expression de ce procureur général, qui a fait le Projet de réforme judiciaire, la taxe des frais comme un *travail de manœuvre* que les magistrats sont dispensés de faire et de savoir faire, imagina de choisir deux avoués, appelés Mollion et Dorgemont, pour leur faire juger l'avis déjà donné sur le mémoire de frais de Me Boudard ; il réalisa par là encore ce cercle vicieux de rendre toujours les avoués juges des avoués. Il arriva bien que sur des notes des exposans, qui ne pouvaient être que vagues, dès qu'ils ne voyaient pas les pièces, ces nouveaux avoués trouvèrent encore quelques articles révoltans, mal à propos passés, et portèrent à M. l'avocat général quelques corrections.

Mais, toujours par la volonté bien connue des avoués,

qu'un confrère n'ait jamais entièrement tort quand il s'agit de l'intérêt général, et afin qu'il soit toujours créancier de quelque chose, quoiqu'il ait trop reçu, ces deux avoués arrangèrent cet avis de manière que Me Boudard fut déclaré créancier, et que même, malgré ses négligences, ses refus de défendre, ses trahisons, il lui fut accordé quelques sommes pour soins extraordinaires, et comme s'il avait servi les exposans avec zèle.

Cependant comme personne, les avoués même, ne pouvait se dissimuler que toutes les manœuvres de la cupidité habituelle des avoués, et l'oppression particulière qu'on fait éprouver à M. Selves, étaient évidentes, comme il n'a jamais cessé de le dire, par les pièces qui étaient entre les mains de Boudard, les avoués, qui craignaient ce qui arrive, imaginèrent de faire proposer par Me Boudard de donner quittance finale et gratuite aux exposans, s'ils voulaient recevoir les pièces sans les compter et sans réserve.

L'avoué des exposans vint le leur proposer. On décida Me Boudard à venir faire lui-même la proposition deux fois.

Mais les exposans, courbés sous l'inculpation qu'ils calomnient quand ils disent que l'état des pièces prouve tout ce qu'ils avancent ; comptables d'ailleurs eux-mêmes de la plupart des pièces à des avoués, à des huissiers, à des experts et autres, qui provisoirement, faute par les exposans d'avoir produit les pièces que Me Boudard détient, les ont fait condamner à des sommes arbitraires, ne pouvaient en aucune manière accepter une proposition pareille, d'ailleurs honteuse par elle-même.

Alors Me Boudard n'hésita pas à prédire aux exposans qu'ils seraient condamnés, conformément à l'avis des avoués, parce qu'ils savaient que les juges s'en rapportaient à ces avis ; et qu'ils seraient même affichés, parce que ce qu'ils disaient, quoique vrai, était injurieux aux avoués et aux magistrats.

M. Selves, malgré toutes ces menaces, imperturbable pour se prêter à étouffer de pareils excès, répondit qu'on pouvait dire et faire toutes les méchancetés imaginables, et qu'il ne voulait faire décharger que des pièces qu'il recevrait, et en les comptant.

Il ne faut pas douter que cette honteuse capitulation n'ait été proposée. L'avoué Creté, rapporteur pour la taxe ; l'avoué des exposans, Me Poncet ; l'avoué Boudard lui-même ; l'huissier Lepeigneux, qu'on voulait charger d'exécuter l'arrêt dont il va être parlé, qui alla plutôt éclaircir s'il était vrai qu'on avait voulu faire quittance gratuite si l'on recevait les pièces de procédure sans voir et sans compter, et qui, certain du fait, ne voulut pas se charger de l'exécution ; beaucoup d'autres, et M. l'avocat général Joubert lui-même, le savent.

Enfin, l'oracle que la condamnation serait prononcée s'exécuta. On alla à l'audience. Les exposans avaient mis à la main de leur avoué deux exemplaires timbrés de leur requête imprimée, contenant leur défense en réitérant leur plainte, prêts à être signifiés. Leur avoué, forcé par la tyrannie de sa corporation, à lui tout communiquer avant de signer et de faire signifier, lui remit un des exemplaires timbrés, qui s'est perdu, et elle refusa d'approuver qu'il les signât et signifiât.

Les exposans avaient obtenu de leur avoué qu'il dirait au moins sur l'audience qu'il y avait une requête imprimée des exposans, et qu'il fallait ordonner qu'elle serait signifiée ; mais comme cette requête mettait courageusement tout à nu, comme les lois le permettaient, et que les avoués et des juges, et surtout M. Agier, en étaient en colère, Me Boudard commença par se plaindre qu'on ne lui en avait pas remis un exemplaire.

Alors M. Agier, sans écouter l'avoué des exposans, qui précisément avait à la main l'exemplaire, et allait dire qu'il était prêt à en faire la signification à Me Boudard, et à expliquer bien ou mal la tyrannie des avoués qui l'en empêchait ; M. Agier, disons-nous, trop animé dans ce moment pour contenir sa faveur pour les avoués, son inimitié pour les exposans, arrache à M. Hardoin, conseiller assis à l'audience à son côté, l'exemplaire qu'il tenait, et dit avec humeur à Me Boudard : *Tenez, en voilà un* ; comme si M. Agier avait le droit d'enlever aux juges les écrits des exposans à eux distribués, et d'en remettre illégalement aux avoués auxquels les exposans n'en doivent pas, et se dispenser d'écouter lorsqu'on veut lui demander d'en ordonner la signification à l'avoué même auquel il se permet d'en donner, et qui ne devait pas en avoir dès que M. Agier n'écoutait pas pour en forcer la signification.

Ce procédé de M. Agier achève de découvrir l'aveuglement et la prévention qui déjà ont été remarqués dans plusieurs circonstances précédentes, que nous avons rapportées : c'est la marche naturelle de l'irritation de tous les hommes prévenus, qui ne veulent pas écouter, et dont le mal va toujours croissant. M. Agier pourtant ne peut pas ignorer comment la faveur, l'inimitié chez un juge, se caractérisent, et combien il doit être froid pour conserver le droit de juger.

Godefroi, sur la loi 3, *de testibus in principio*, caractérise l'inimitié par les expressions suivantes :

Inimicus capitalis gravissimus, non levis puta si quis palam tibi male dixerit; adversus te infaustas voces jactaverit, status controversiam moverit, vel omnium bonorum vel majoris partis; si inimicis tuis amicitiam suam copulaverit.

Le fameux commentateur de l'ordonnance de 1667, que notre digne chef actuel de la magistrature appelle *le grand faiseur*, et qui en a un exemplaire enrichi d'une foule de notes écrites de sa main, rapporte sur l'art. 8 du tit. 34, *des récusations des juges*, le langage de Saint Ambroise, sur le psaume 118, serm. 20, ainsi conçu :

Judicet ille qui nullo odio, nullâ offensione, nullâ lenitate ducatur.

N'est-ce pas un bien grand malheur que ceux qui, dans la société, passent pour austères, pour religieux, éblouis par les flatteries, se défient moins d'eux, et n'en soient que plus susceptibles de prévention, et de la porter jusqu'au fanatisme? car tout peut avoir son fanatisme, sur lequel la raison n'a aucun accès.

Il faut bien se figurer que, selon la définition donnée par l'homme qui connaît le mieux le cœur humain, « la prévention est une opinion sans jugement; » c'est-à-dire, l'opinion d'un homme qui a décidé et décide sans avoir rien examiné, qui ne fait aucun usage de ses moyens d'acquérir la connaissance des faits, y appliquer le fruit de ses études; qui repousse totalement les secours même de sa raison, et devient alors, dans toute la force du terme, semblable à la brute.

La loi a si bien cru que cela pouvait arriver à tous les hommes, même à ceux qu'on croit les meilleurs ou les moins mauvais, quand on les fait juges, qu'elle a prescrit des règles pour les éloigner de juger ceux relativement auxquels ils tombent dans ce délire: autrement le juge, dans un pareil état, ferait, au civil, plus de mal que le brigand qui vous a dépouillé dans une forêt, et contre lequel vous avez la ressource de la justice, que vous n'avez pas contre la justice, quand c'est elle-même qui vous dépouille. Au criminel, le juge passionné ou prévenu, si on le laissait juger, serait plus dangereux qu'une bête féroce.

C'est aussi ce que les lois, en autorisant à en prendre moyen, permettent de répéter, sans qu'on puisse dire que ce soit faire injure à personne. Le Philosophe de Ferney ne fut point blâmé quand il développa l'aveuglement, le délire des juges de Calas et de Sirven, et quand, pour le démontrer, il trouva qu'il ne fallait pas négliger la moindre circonstance.

Qu'on veuille donc bien faire attention à ce que nous avons dit, et à ce que nous dirons encore rapidement, pour faire sentir les passions et le délire qui exécutent le complot de comdamner, ruiner et vilipender les exposans sans les entendre.

Quand cette scène, arrivée à l'audience par la colère de M. Agier, se fut passée, Me Boudard, qui trouvait les esprits plus disposés à lui laisser pallier ses torts, prétendit qu'il avait encore le droit d'obtenir quelque chose, sans être blâmé pour aucun de ses écarts. Les exposans, sans avocat, étaient réduits à quelques conclusions non complètes, parce que leur avoué les avait limitées comme le despotisme de ses confrères l'avait voulu. M. l'avocat général prit la parole, et s'il eût suivi la loi et la raison, il aurait suppléé à la défense des exposans; mais rien ne fut plus sec, plus aride, moins favorable à la loi que ce qu'il dit, sans sortir du cercle de ce que les avis des avoués lui avoient tracé, et sans s'occuper d'aucune des exceptions des exposans, et surtout en laissant de côté la plainte importante des exposans, à lui transmise par M. le procureur général, dont il auroit dû requérir acte et faire ordonner l'instruction; il osa, au contraire, requérir la suppression de la requête imprimée des exposans, sans pourtant aller jusqu'à demander l'affiche.

C'était le jeudi, et la Cour renvoya au lundi pour prononcer l'arrêt; et, en effet, le lundi, sans avoir eu le tems de lire le mémoire, de plus de deux mille articles, sans délier même une seule pièce, sans vouloir renvoyer à un conseiller rapporteur, pour vérifier, au moins en général, les plaintes des exposans, parfaitement fondées, comme on le verra, quand ils disaient que des pièces des dossiers avaient été soustraites ou n'existaient pas, il fut rendu, le lundi 6 mai 1811, un arrêt tout à fait dans le sens des avoués, et qui présente, non pas seulement autant de violations de lois qu'il y a de dispositions, mais autant d'actes de partialité, et l'esprit de rébellion le plus évident envers la partie de la législation, qui voudrait préserver les justiciables des passions des suppôts du palais.

Cet arrêt, du 6 mars 1811, viole d'abord le sens raisonnable des lois, qui disent que les avoués donneront leur avis sur les taxes, et qui par-là entendent que les juges ne se bornent pas à homologuer ces avis, et qu'ils les examinent; et, dans l'espèce, à coup sûr, du jeudi au lundi, la Cour, qui n'examina pas un seul dossier, et à laquelle, dans un si court espace, il était physiquement impossible de parcourir plus de deux mille articles, ne puisa son arrêt que dans la volonté des avoués, et jugea, en conséquence comme eux, qu'il était dû à Boudard quelque solde d'environ 800 fr., en y comprenant, par iniquité et excès de pouvoir, 600 f. arbitrairement accordés à Boudard, à titre de soins extraordinaires.

Cet arrêt méprise l'article 1256 du Code, qui veut que les paiemens à valoir éteignent d'abord l'article de 1470 fr., pour lequel la saisie avoit été faite, et il déclara la saisie valide. Par cette saisie et par les procédés iniques qui ont suivi, Boudard a pris tout ce qui restait aux exposans à la caisse d'amortissement, et prétend même encore qu'il n'est pas soldé.

Cet arrêt a méprisé l'article 133 du Code, qui veut que l'avoué n'ait qu'une action pour ses frais contre son client, quoiqu'il ait fait taxer certains articles contre la partie adverse, parce que le compte fait, surtout par défaut contre cette partie, et l'exécutoire pris, n'est pas une liquidation exécutoire, contre son client, sans révision.

Cet arrêt refuse de laisser, suivant l'article 132, pour le compte de Mᵉ Boudard, certains dépens frustratoires, faits par sa cupidité ou causés par sa négligence, et n'en parle même pas, malgré la demande.

Cet arrêt n'écoute aucune des lois ou réglemens qui ne permettent aux avoués que de faire une ou deux requêtes dans chaque cause, et alloue toutes celles demandées par Me Boudard, même celles faites après les procès jugés.

Cet arrêt alloue les frais des défenses aux taxes comme des frais d'instances nouvelles, quand ce ne sont que des suites, et n'examine aucune des exceptions des exposans à cet égard.

Cet arrêt, pour mieux faire trouver créancier Boudard, lui alloue arbitrairement 600 fr. de soins extraordinaires, d'après l'avis des avoués, comme si les lois ne défendaient pas de rien accorder aux avoués au-delà des articles qu'elles allouent, et comme si des trahisons ouvertes, telles que nous les avons démontrées, étaient des soins extraordinaires.

M. Agier a eu d'autant plus de tort, avec ses collègues, de rendre un pareil arrêt, qu'à la prohibition de la loi, et à l'évidence que de pareilles demandes des avoués sont des tentatives de concussions, qui foulent et plongent les tarifs, les taxes et toutes les lois dans l'arbitraire, se joint un fameux arrêt du parlement, du 28 mai 1784, que M. Agier ne devait pas ignorer, lors duquel l'avoué ou procureur Pâris fut condamné à rendre 24 f. qu'il avait pris en donnant un avis portant qu'il était dû des soins extraordinaires à un autre procureur appelé Bernet : celui-ci fut condamné à rendre 1200 fr. qu'il avait perçus à ce titre, d'après l'avis du confrère Pâris. Ce qui prouve en même temps que, quoique les parlemens fussent à un certain point ligués avec les suppôts du palais, ils ne souffraient pas toujours leurs excès, leur arbitraire, ni qu'ils s'érigeassent en juges entre eux pour piller les justiciables.

Cet arrêt du 6 mai, rendu contre les exposans par M. Agier, en ce qui touche le registre de recette de Me Boudard, porte que ce registre a été vu par l'avoué des exposans, et ne donne pas la satisfaction d'ordonner que les exposans le verront eux-mêmes, comme si la loi qui veut l'exhibition de ces registres, et à défaut déclare les avoués non recevables dans toutes leurs demandes de frais, entendait que ce ne sont que les avoués entre eux qui puissent voir leurs registres, et comme si ce n'était pas, en jugeant ainsi, se moquer de la loi et de la raison, et dire hautement encore ici que les avoués doivent être eux-mêmes, pour tout ce qui les regarde, juges et parties.

Cet arrêt, sans s'occuper de faire instruire des plaintes aussi graves que celles des exposans contre les juges corrompus, et à raison des autres faits qui caractérisent si fort l'esprit d'oppression et de pillage contre les exposans, sans ordonner que lorsqu'ils recevront les pièces que Me Boudard doit leur remettre, pourront les compter, en constater l'état, et les faire coter et parapher, n'en dit absolument rien ; mais il porte la disposition bannale, fatale et perfide, que *sur toutes les demandes dont il ne parle pas, les parties sont mises hors de Cour.*

Et quoique les exposans n'aient dit alors que les vérités nécessaires, qu'il consacre lui-même, sur des frais mal à propos demandés, mal taxés par les avoués, et aveuglément alloués par les juges, l'arrêt, sans rien expliquer, ajoute vaguement que les exposans ont injurié les avoués et la magistrature, et ordonne l'impression et l'affiche.

Quand les exposans, comme forcés et contraints d'exécuter l'arrêt, ont voulu avoir leurs pièces, et qu'ils ont réalisé devant notaire 2000 fr., afin que Boudard prît ce qu'il prétendait lui rester dû, et malgré que les lois répétées dans le nouveau Code disent que les avoués sont comptables des pièces, et peuvent être forcés de les remettre avant le paiement, sur une simple reconnaissance, et que tout comptable ne puisse cesser de l'être qu'autant qu'il laisse compter en remettant à celui auquel il remet, Mᵉ Boudard déclara devant le notaire, le 13 juin 1811, que d'après la disposition bannale de l'arrêt qui met hors de Cour, les exposans étaient implicitement déboutés de leur demande de compter les pièces, et qu'il s'opposait à ce que les exposans comptassent les pièces en les recevant; qu'ils pouvaient bien les vérifier, mais à condition qu'en les vérifiant ils ne diraient pas dans le procès-verbal ce qu'ils voyaient. Il ne voulut pas permettre au notaire, qui le proposait, de les coter par première et dernière. C'est assurément une prétention extravagante; et c'est la même que celle que les avoués voulaient faire exécuter lors de la capitulation dans laquelle ils offraient quittance gratuite; mais on va se convaincre qu'ils n'ont pas moins su la faire subir jusqu'ici aux exposans par force.

Il fallut revenir plaider là-dessus, et l'on va voir

encore ici à quel excès d'aveuglement et d'oubli s'est porté M. Agier.

Me Boudard fit une nouvelle saisie contre M. Selves seul, pour son solde qu'il n'avait pas voulu recevoir devant le notaire, avec la condition de laisser compter les pièces. Il fit rendre un jugement de première instance, dans lequel il fit valider sa saisie, sous son offre, disait-il, de remettre les pièces, que M. Selves pourrait faire vérifier, coter et parapher ; mais il ajoutait dans une partie du jugement les mots suivans : « lorsqu'elles *auront été* remises, » et puis « lorsqu'elles *seront* remises. »

Ce barbouillage mis à dessein dans le jugement, et qu'il ne voulut pas expliquer, pour savoir s'il consentait qu'elles fussent comptées en sa présence au moment de la remise, donna lieu à un appel, le 19 août, sur lequel Boudard, traitant dans ce moment la cause comme sommaire, surprit un arrêt de débouté le 26, et fit ordonner contre les exposans, mari et femme, qu'il pourrait l'exécuter provisoirement, et aller à la caisse tout prendre.

Les deux exposans se pourvurent en opposition, mais la difficulté de se faire servir volontairement par leur avoué contre son confrère Boudard, fit traîner les choses jusqu'à la chambre des vacations, présidée par M. Gilbert des Voisins, qui fit une injonction à l'avoué des exposans.

A l'audience du 17 octobre, la cause plaidée par Me Boudard et M. Selves en personne, Me Boudard plaida et expliqua toute sa cause, et il était censé défendre à toutes fins, quoiqu'il finît par prétendre que la cause qu'il avait poursuivie comme sommaire ne l'était pas, et qu'il demandât le renvoi après vacations à la chambre de M. Agier, où on voit que les exposans sont renvoyés presque toujours, et où ils sont sans cesse si maltraités. Cette demande d'être renvoyé à la chambre de M. Agier n'annonce-t-elle pas que cet avoué espérait d'y être bien accueilli ?

Mais la chambre des vacations, toute composée de juges nouveaux qui jugeaient les exposans pour la première fois, trouva très-étrange que Me Boudard prétendît qu'une cause de frais et de remise de pièces n'était pas sommaire, quand elle l'est doublement par la loi, et qu'il avait traitée lui-même comme telle ; elle le débouta de son incompétence, et renvoya au 24 pour la continuation.

Le 24 octobre, quoique Me Boudard ne s'y trouvât pas, dès qu'il avait plaidé le 17, et comme en Cour souveraine lorsqu'on a plaidé on est censé avoir défendu à toutes fins, M. l'avocat général plaida, et la chambre prononça un arrêt après délibération dans la chambre du conseil, comme tous les impartiaux de la terre le prononceraient, portant que les exposans étaient recevables dans leur opposition envers l'arrêt du 26 août, qu'ils avaient droit de vérifier et compter les pièces en les recevant ; la saisie de Boudard fut annulée comme faite au préjudice des offres devant notaire sous cette condition, et condamna Boudard aux dépens. Rappellons bien cet arrêt et sa justice rendu sans acception de personnes le 24 octobre.

Mais l'avoué des exposans était absent ; les avoués sont maîtres des registres ; l'arrêt fut conditionné de manière que, par ses accessoires, Me Boudard est venu continuer, après les vacations, la cause, devant la section de M. Agier, et prétendre que cet arrêt du 24 octobre était par défaut.

Les exposans ont voulu le faire expédier; Boudard s'est opposé aux qualités, en disant qu'un pareil arrêt de défaut, attaqué par lui par opposition, ne pouvait pas être expédié. M. le président Gilbert lui déclara qu'il était contradictoire, et il allait de son autorité rayer l'opposition aux qualités, lorsque la perfidie de Me Boudard, afin que l'opinion du président, qui allait constater la vérité, ne fût pas écrite, prit le parti d'abandonner son opposition aux qualités.

Il fallut aller à la chambre de M. Agier, où Boudard avait porté son opposition. C'était le lundi 11 ou 18 novembre 1811. M. Selves, à qui on avait fait dire que M. Agier paraissait regretter d'avoir maltraité M. Selves, en ne voulant pas l'écouter lorsqu'il s'était présenté, l'écouterait s'il se présentait de nouveau, se présenta en effet pour expliquer qu'il était étonnant qu'on prétendît, dans la forme, que cet arrêt était par défaut, et qu'au fond il était bien inconcevable qu'on voulût faire renverser cet arrêt, parce qu'il disait naturellement, ce qui ne doit jamais être autrement, que M. Selves avait le droit de compter ce qu'il recevrait.

Nous ne savons pas si le lecteur ne s'arrêtera pas ici en se faisant une objection qui est la seule que nous pouvons craindre, et qui serait de dire que ce que nous avançons n'est pas croyable; mais les pièces sur chaque fait, et les arrêts, existent; nous supplions que l'on continue de lire. Il faut qu'on se figure, d'après ce qu'on trouve dans l'histoire, que s'il y a une puissance dans le monde qui puisse faire l'impossible, l'incroyable, et qui l'ait fait, c'est celle des suppôts du palais. Les ouvrages publiés par M. Selves démontrent cela par-dessus tout.

M. Selves débuta par présenter des conclusions, dans lesquelles surtout il demandait qu'il lui fût donné acte de ce que, lors du prétendu arrêt de défaut du 24 octobre, l'avoué Soubdès s'était présenté pour Me Boudard, et que le registre n'en fait pas mention; que de plus le registre disait que M. Selves était assisté de Me Poncet, son avoué, tandis que Me Poncet, ce jour là, était à Caen, et que M. Selves avait au contraire demandé à la Cour qu'elle enjoignît à un autre avoué de signer des conclusions qu'il avait prêtes ce jour là 24 octobre.

M. Selves demandait encore, à cette audience du 11 novembre, à M. Agier, d'enjoindre à Me Poncet, avoué présent, de signer ces nouvelles conclusions.

M. Agier, il faut le dire, toujours aveuglé, sans s'entendre lui-même, refusa à M. Selves de faire l'injonction à Me Poncet, avoué, en lui disant: *Soyez d'accord avec votre avoué.* Mais, M. le président, répliqua M. Selves, je suis d'accord avec lui; s'il me refuse, c'est parce que les avoués ne veulent pas qu'il signe des conclusions telles que je les fais contre Me Boudard avoué, leur confrère; c'est à vous, M. le président, à faire cesser ses refus. Il me faut des conclusions signées de mon avoué. *Soyez d'accord avec votre avoué*, reprend le président, et toujours sans consulter ses conseillers, qui étaient là comme morts, lorsque le devoir imposait à chacun d'eux l'obligation de se lever, pour représenter à M. le président l'inconvenance de sa réponse, et lui en faire faire une autre plus digne et plus juste; car M. Selves connaît les devoirs et les droits des juges et des présidens.

Mais l'avoué, faute d'injonction, ne prit pas les conclusions, tandis que, de son côté, Me Boudard, par une inégalité qui se trouve dans la loi de la défense, pouvant en prendre lui-même pour lui-même, en prit à mesure, pour faire démolir à son gré l'arrêt contradictoire du 24 octobre, en prétendant qu'il était par défaut, et, ce jour là même, M. Agier prononça que l'arrêt était par défaut, et l'opposition de Me Boudard recevable, et renvoya à la première audience, pour juger le surplus; tandis qu'en bonne police, la chambre de M. Agier aurait dû se retirer, consulter les juges de la chambre des vacations, savoir si elle avait entendu rendre un arrêt contradictoire, puisqu'elle n'avait pas dit *donne défaut*; et si, malgré cela, les circonstances qui faisaient dire qu'il était par défaut, n'étaient pas l'effet des manœuvres et d'une négligence punissable. Mais il semble que toute loi, toute discipline, toute police est sans vigueur, quand il s'agit de condamner les exposans.

Le 3 décembre, M. Selves osa encore revenir à l'audience, et dire que l'arrêt ne faisant que lui permettre de vérifier et compter ce qu'il recevrait, en annulant la saisie faite, quand on n'avait fait qu'opposer cette condition, il était clair et juste, et ne devait pas être rétracté.

Mais un autre arrêt, ce jour là 3 décembre, rétracta l'arrêt juste du 24 octobre; et tout en disant que

M. Selves avait le droit de vérifier les pièces qu'il recevrait, il ajouta que ce qui avait été jugé auparavant ne lui ôtait pas ce droit, sauf, prononça encore M. Agier, à faire coter et parapher les pièces par le notaire, en présence de Boudard, et à la charge, par Selves, d'en fournir décharge pure, simple et définitive, et d'expliquer, s'il le juge à propos, quelles sont les pièces qui peuvent manquer; l'arrêt, enfin, ressuscite la saisie en faveur de Boudard, que le précédent arrêt avait annulée, et condamne M. Selves à tous les dépens. Voilà donc deux arrêts entièrement contraires, et chaque chambre prétend le sien contradictoire. Les exposans doivent-ils rester devant la Cour composée de ces chambres, pour y être encore jugés?

M. Selves voulut observer, expliquer que ce dernier arrêt du 3 décembre, malgré sa contradiction avec celui du 24 octobre, juge en sa faveur la principale question, qui est le droit de vérifier les pièces, et de les faire coter et parapher, si bon lui semble, par le notaire, en présence de Boudard; qu'il n'est pas possible qu'il dise, quand il recevra les pièces, quelles sont celles qui y manquent, parce qu'il n'y a pas d'inventaire, et qu'il ne sait pas celles que Boudard peut avoir faites ou reçues des tiers, et qu'il ne peut pas être tenu de faire décharge définitive de tout ce que Me Boudard peut être tenu de remettre, et qu'il ne paraît pas juste non plus de ressusciter la saisie, et le condamner aux frais.

M. le président Agier répond à M. Selves : *Vous avez entendu votre arrêt.* Il fallut se retirer et ne plus dire mot; car on doit se bien pénétrer que, malgré les outrages à lui faits sans cesse, malgré les affiches qui ont dit vaguement que la défense écrite des exposans était injurieuse, on n'a jamais eu, sur l'audience, à blâmer, malgré qu'on l'eût désiré, la moindre expression de M. Selves, lorsqu'il s'y est présenté.

Quand l'arrêt eut été couché sur le registre, l'avoué des exposans représenta qu'il y manquait la disposition la plus essentielle, qui avait été prononcée et entendue de tout le monde, et qui étoit la faculté, à M. Selves, de faire coter et parapher les pièces en présence de Boudard, et qu'il semblait que, par cette omission, on eût voulu encore ravir d'autant la clarté que le précédent arrêt rétracté portait avec lui; on voit aussi, par-là, que, de leur côté, les avoués savent faire retoucher les arrêts selon leur intérêt, et, soit dit en passant, qu'ils mettent la plus grande importance à empêcher de compter et constater l'état des pièces.

M. le président répondit à Me Poncet, que la Cour l'avait entendu de même, et que, si ce n'était pas dans l'arrêt, et que Me Boudard s'y refusât, il n'y avait qu'à revenir devant lui en référé, et qu'il l'ordonnerait. Me Poncet prétend que M. le conseiller Poitevin était présent à cette conversation.

On revient devant notaire, pour retirer les pièces; Me Boudard prétend encore qu'on n'a le droit ni de compter, ni de coter et parapher en sa présence; que M. Selves peut seulement vérifier les pièces et dire celles qui manquent, sans écrire ni le nombre, ni dans quel état il voit celles qu'on lui présente pour les lui remettre, ce qui est, assurément, réduire le mot vérification à une valeur bien singulière.

Me Poncet revient devant M. le président, et, pour

le coup, il a le courage de dire et écrire, dans un acte pour vuider le référé, que M. le président lui a dit qu'il réparerait l'omission de la disposition de l'arrêt, de coter et parapher les pièces, en présence de Boudard.

M. le président prétend alors qu'il faut lui présenter une requête pour aller à l'audience; cette requête est présentée, et Me Poncet y répète le dire de M. le président. M. Selves croit inutile d'aller à l'audience, et ne doute pas que M. le président Agier va, comme il l'a dit, rétablir la faculté donnée dans la prononciation, et omise sur le registre, de coter et parapher les pièces en présence de Boudard.

Mais le diable s'en mêle, et, sans blâmer l'avoué des exposans, d'avoir écrit et soutenu que cette faculté avait été prononcée, et que M. Agier avait promis de la rétablir, un arrêt nouveau est prononcé, qui porte vaguement qu'attendu que la demande n'est qu'un renouvellement de l'ancienne prétention proscrite, déboute et ordonne l'exécution des arrêts.

Pouvait-on s'attendre à cet événement, à cette tournure surtout, sans blâmer l'avoué des exposans, qui, alors était un menteur d'avoir osé dire et écrire, dans ses requêtes, que la faculté de coter et parapher prononcée avait été omise, et que M. le président avait promis qu'elle serait rétablie; car il y a inexactitude essentielle de part ou d'autre, et l'avoué, s'il avait tort, ne pouvait pas se l'être permise impunément vis-à-vis de M. le président; s'il avait raison, le fait était vrai, et c'est une nouvelle oppression de n'avoir pas réparé l'omission.

Me Boudard, faisant toujours pour ces arrêts des frais

énormes, venait les exécuter, tant contre la femme que contre le mari; mais comme la femme, héritière bénéficiaire de sa sœur, ne peut pas faire plus que les arrêts disent, elle se vit forcée de former opposition à ces exécutions, parce que les arrêts n'étaient pas tous rendus contre elle; il n'y avait eu que l'arrêt du 26 août, de défaut, qui l'avait comprise dans l'instance, par erreur, et cet arrêt fut rétracté par celui du 24 octobre; ce dernier n'a pas été rétracté ni attaqué à son égard; celui du 3 décembre ne le rétracta qu'à l'égard de M. Selves.

Il fut, en même temps, formé tierce-opposition, seulement à cet arrêt du 3 décembre, au nom de la dame Selves, dans le cas où l'on voulût prétendre qu'indirectement ses dispositions atteignaient la femme.

Mais il arriva encore que, par des dernières conclusions, on déclara que la femme n'avait besoin que de former opposition aux commandemens, parce qu'aucune disposition des arrêts subsistans ne l'atteignait; en même temps la chambre de M. Agier fut suppliée d'expliquer au moins la valeur du mot *vérification* des pièces, qu'elle se bornait à permettre aux exposans, devant le notaire, et de dire si, en vérifiant, il n'était pas permis de constater, dans la décharge, ce qu'on voyait.

A la suite de ces oppositions, assurément très-suspensives, au moins pour la femme, on alla à l'audience pour faire ce qu'on appelle poser les qualités; les avoués se présentèrent et les qualités furent posées, mais M. Agier, qui avait à son côté M. Poitevin, avec lequel il causa, et sans que Me Boudard en fît la demande, mais d'office, se permit de lui dire, avec une cruauté que personne ne lui soupçonnerait: *Vous pouvez toujours exé-*

cuter; car M. Agier est très-impatient, comme on voit, d'apprendre que les meubles des exposans soient vendus.

M. Selves eut encore la force d'aller à l'audience de la chambre de M. Agier, pour faire entendre cette opposition aux exécutions contre sa femme, d'arrêts qui ne la touchent pas, et pour demander l'explication, si évidemment nécessaire, du mot *vérification*, en pareil cas.

M. le président Agier, avec une impatience curieuse, à l'audience du 9 juin, lorsque M. Selves parlait, lui observa plusieurs fois, *nous savons tout ce que vous dites*, sans s'apercevoir qu'il avait avec lui de nouveaux juges, qui n'en avaient jamais entendu parler.

Enfin, arriva le terme de l'impatience de M. Agier, et il prononça un arrêt le 9 juin, encore si étonnant, qui porte que la dame Selves est non recevable dans son opposition aux arrêts, et que le mot vérification n'a pas besoin d'explication.

M. Selves observa à M. le président que la dame Selves ne pouvait pas être déclarée non recevable dans son opposition envers l'arrêt du 26 août, parce qu'elle n'était pas opposante envers cet arrêt rétracté par celui du 24 octobre, qui n'était pas attaqué à son égard, quelle n'était opposante qu'à des commandemens et des exécutions; qu'ainsi elle n'était pas entendue quand elle était déclarée non recevable dans une opposition qui n'existait pas.

M. le président Agier, toujours prévenu, se jouant des exposans, ne voulant pas entendre ni examiner à leur égard les choses les plus raisonnables, éludant l'observation, et faisant un coq-à-l'âne, un persiflage indécent, bien indigne de la bouche d'un magistrat qui préside la première Cour souveraine de l'empire, se permit de répondre : *Sans doute l'opposition n'existe pas, puisque vous venez d'y être déclaré non recevable ;* ce qui est tout à la fois dire sans examen et contre la vérité, quelle existait l'instant avant qu'il l'eût déclarée non recevable ; ce qui était en même temps tourner avec délice le poignard dans le sein de la victime qu'il venait d'immoler, et savourer le plaisir de l'avoir déclarée non recevable.

Il y a quinze à vingt ans, à l'instant qu'un président révolutionnaire eut condamné une maître d'armes à perdre la tête, il le persifla en lui disant : *Pare cette botte.* Quoique nous vécussions alors dans un temps tout sanglant, où le plus affreux délire familiarisait avec les atrocités, toute la France fut révoltée de voir ce président assez barbare pour persifler encore sa victime.

Qui croirait que M. Agier s'est permis à peu près un persiflage de ce genre contre une de ses victimes, si non aussi malheureuse que celle du président révolutionnaire, au moins dans un cas semblable, en ce que c'est toujours avoir persiflé celui qu'il venait de condamner.

« Tant de fiel entre-t-il dans l'âme d'un dévot ? »

Qui croirait en effet que M. Agier, avec la religion, la piété qu'on lui accorde, en a été capable ! Qui se serait figuré le contraste qu'on a vu alors, que tandis que M. Agier a cru pouvoir prononcer deux arrêts, sous prétexte d'injures trouvées dans la défense écrite de M. Selves, quand ce n'était que des vérités nécessaires, c'est pourtant lui, M. Agier, qui, à l'audience répond sans cesse très-mal, comme on l'a vu, à M. Selves, semble chercher à l'irriter, tantôt en ne lui permettant pas d'ouvrir la bouche, tantôt en lui faisant sur l'audience, par des évasions, les refus les plus blâmables, même de faire signer ses conclusions par son avoué, tantôt en le persiflant par des mauvais jeux de mots; mais ce qu'il y a, nous pouvons le dire, de glorieux pour M. Selves, et qui confond bien ceux qui, à la faveur de la renommée de M. Agier, voudraient l'excuser, c'est le flegme, le silence, la dignité avec laquelle M. Selves a reçu si souvent de la bouche de M. Agier ces outrages en pleine audience; tandis que l'on semble croire dans le public que M. Selves, qui n'a que fermeté et énergie, serait plus susceptible de vivacité que M. Agier, et qu'on penserait plus aisément que c'est M. Selves qui a joué le rôle qu'il démontre, d'après des faits notoires, avoir été, et être encore celui de M. Agier.

Voilà comment dans la société il y a des erreurs, des illusions, des pressentimens inexacts qui vont se briser contre des faits certains; car les exposans ne demandent autre chose que de s'en rapporter aux faits, de les vérifier, de les creuser. Ce ne sont que ceux qui sont capables de cette vérification qu'ils peuvent estimer, et ils méprisent tous les autres, quels qu'ils soient.

Ce n'est pas tout. Enfin, avec cet arrêt, Me Boudard est encore venu saisir, et l'on a été devant notaire pour prendre les pièces.

Ne pouvant encore s'entendre sur le mot *vérifica-*

tion, qu'il n'a pas plû aux arrêts d'expliquer, M. Selves ne pouvant plus se passer, si non de posséder les pièces, au moins de les trouver au besoin dans un dépôt pour en prendre vision, Me Boudard, toujours ne voulant pas les laisser compter, M. Selves a pris le parti, en les recevant en masse, sans pouvoir ni les vérifier, ni coter en présence de Boudard, de les recevoir comme forcé et contraint : mais en les laissant en dépôt chez le notaire, comme il l'a déclaré dans la décharge, après laquelle Me Boudard s'est enfui, pour ne pas être présent au cote et paraphe que M. Selves a déclaré qu'il allait faire faire sur l'instant par le notaire, en les lui laissant en dépôt, et pour constater d'autant plus qu'il n'en prenait ni n'en altérerait aucune impunément.

M. Selves, en même temps, profitant, autant que possible, de la faculté insuffisante, donnée par un arrêt, de dire ce qu'il apercevrait manquer dans les pièces en les recevant, a articulé dans la décharge, en présence de Boudard, qu'il y manquait d'abord toutes les pièces indiquées, par le mémoire général des frais que Boudard a demandés, depuis l'article 27 jusqu'à l'article 75 ; que presque toutes les pièces, et surtout celles relatives aux déclarations, aux taxes commencées des dépens dans l'affaire des quatre-vingts requêtes, et le dossier, sur lequel fût rendu l'arrêt du 26 floréal an 13, qui a ordonné d'attendre la fin des taxes, non encore faites, et dont les suites sont à juger, y manquaient entièrement ; qu'une foule d'autres pièces, dans la plupart des 24 dossiers, et qui sont indiquées, manquaient aussi, que Me Boudard était sommé de les rétablir.

Qu'il ne pouvait pas dire les avoir remises sans récépissé, parce que, selon sa correspondance, toutes les fois qu'il avait remis des pièces soit aux exposans, soit à leurs hommes d'affaires, il avait exigé des récépissés pour mettre à la place dans ses dossiers, et qu'il fallait qu'il remît les récépissés ou les pièces.

Me Boudard, fort embarrassé, s'est embrouillé, contredit, en alléguant tantôt qu'il les avait remises sans récépissé, tantôt que les pièces qui manquaient étaient insignifiantes, tantôt qu'elles étaient adhirées dans son étude ou ailleurs.

Cela est-il clair? Les exposans, avec ces réponses, peuvent-ils se passer de faire compléter les pièces, quand des avoués, des huissiers et autres leur en demandent compte à eux-mêmes, et les ont fait, en attendant, condamner, par provision, à payer certaines sommes pour la valeur?

Il a donc fallu aller encore, avec un incident, devant M. Agier, tendant d'abord à ce que des exécutoires exorbitans pris pour dépens dans ces arrêts sur la querelle des pièces soient déclarés nuls, et de plus que Me Boudard, faute d'avoir complété les pièces reconnues manquer, soit condamné au remboursement de ce qu'il a reçu, le tout sans aucun acquiescement aux arrêts.

Malgré cela, Me Boudard a voulu être payé d'environ 600 fr. qu'il prétend lui rester dus, pour ces exécutoires attaqués au-delà du total enlevé à la caisse d'amortissement: il a fait afficher les meubles des ex-

surabondamment lui faire des offres réelles, des articles provisoirement liquides, malgré que les exécutoires soient attaqués, et que partie des pièces ne soit pas remise.

L'huissier a assigné en référé sur l'heure, devant M. Agier; et de suite, comme si le feu était à la ville, M. Agier, qui aurait pu mettre sur le pied du procès-verbal de l'huissier le renvoi à l'audience, a fait faire un procès-verbal devant lui, sur lequel il a permis d'assigner pour le lendemain à l'audience.

L'assignation donnée, l'avoué des exposans prit ses concl usions pour dire qu'il y avait instance contre les exécutoires, que Me Boudard n'avait pas complété de son aveu les pièces à remettre, dont l'argent qu'il demandait était le prix; que surabondamment, sans aucun acquiescement, il y avait des offres de ce qui pouvait être regardé comme liquide, et qu'il fallait au moins joindre le référé à l'incident, relatif à la nullité des exorbitans exécutoires, dans lesquels on a pris des frais comme si les suites d'arrêt étaient autant de nouveaux procès.

Peine inutile! Prévention, faveur, inimitié toujours indestructibles! Arrêt le jeudi 30 juillet, prononcé par M. Agier, qui, sans s'arrêter aux offres, s'embarrassant fort peu que Boudard n'ait pas remis les pièces, ni que les précédens arrêts eussent donné au moins la faculté de dire quelles étaient celles qui manquaient; ni de l'aveu de Boudard, qu'elles n'étaient pas complètes; et en déclarant que peu importe que les prétentions de M. Selves, que les pièces ne sont pas complètes, soient bien ou mal fondées, ordonne que les poursuites seront continuées, et les meubles vendus.

En sorte qu'après avoir substitué au droit naturel de compter les pièces en les recevant, la simple faculté de dire celles qui peuvent manquer, et quand on a expliqué quelles sont celles qu'on aperçoit déjà manquer, et qui devraient sur l'instant être remises, on s'est moqué des exposans, et l'on a ordonné toujours d'en payer le prix. N'est-ce pas encore un jeu, une mystification ?

Voilà donc encore comme on traite les exposans. La faveur pour l'avoué est telle que, quoiqu'il ne remette pas les pièces, il faut commencer par payer tout ce qu'il demande, tandis que le texte de la loi dit formellement que les parties peuvent forcer les avoués de leur faire compte des pièces avant même de payer, et en donnant une reconnaissance des frais. C'est donc encore une rébellion évidente que d'ordonner le contraire.

Remarquons qu'il est constant que Me Boudard tient plus de 15,000 fr., qui paient deux fois et plus ce qui lui sera dû quand tout sera liquidé ; qu'il tient 600 fr. pour soins extraordinaires, quand il a tant négligé son devoir, tant trahi les exposans. Il a pris plus de 3000 fr. encore appartenant aux exposans, à la caisse d'amortissement ; il ne demande plus que 5 ou 600 fr., pour lesquels il s'acharne à poursuivre, parce qu'il sait que les exposans ne pouvant payer que comme forcés et contraints, et avec toutes les explications, les actes et les dépenses que cela entraîne, cela fera toujours des frais ; et c'est ce qu'on veut pour ruiner.

Ces précautions des exposans, de n'agir que comme contraints, sont si nécessaires, qu'il faut dire que si les dépenses les empêchent d'attaquer successivement tous les arrêts en cassation, ils en ont, par force, attaqué quelques-uns, surtout celui du 6 mai 1811, qui est le principal, obtenu par Me Boudard, et qui a été suivi de ceux des 26 août, 17 et 24 octobre, 11 novembre, 3 décembre 1811, 29 avril, 9 juin et 30 juillet 1812 : ce qui fait, depuis moins d'un an, neuf contestations, neuf arrêts, qui n'ont d'autre source que la prévention déplorable, surtout de M. Agier. Le pourvoi contre cet arrêt du 6 mai, qui fera tomber les neuf suivans, est déjà admis.

Nous devons dire aussi que dans la famille de M. Agier l'inimitié contre les exposans s'est étrangement propagée.

Il y eut une petite cause correctionnelle, jugée le 17 avril dernier, dans laquelle M. Selves était plaignant contre un fermier, qu'encore les suppôts du palais poussent contre lui, et qui s'était permis de venir un jour, avec la garde, jusque dans son cabinet, avant qu'il ne l'eût vu.

En première instance, on avait cru qu'il n'y avait pas de loi pour punir cette violation de domicile; sur l'appel, le neveu de M. Agier, qui venait d'être fait substitut, et qui entendit M. Selves citer la loi qui prouvait l'erreur des premiers juges, ne pouvant s'empêcher de convenir qu'il fallait infirmer le jugement, néanmoins, pour seconder les préventions de son oncle, se permit des injures, en disant que M. Selves faisait sans cesse retentir les tribunaux, qu'il était processif, et qu'en changeant les motifs, sans autrement s'expliquer, il fallait encore le condamner.

Les juges, dont presque aucun ne connaissait les exposans, éblouis par cette teinte de défaveur, rendirent un arrêt si saugrenu, qu'en laissant de côté la plainte, ils compensèrent les dépens.

De quel droit ce jeune substitut se permet-il ces outrages ? Qu'aurait-il pu dire si M. Selves lui avait sur l'instant retracé que c'était aux mauvais procédés de M. Agier, son oncle le président, qu'il devait neuf incidens depuis seulement un an ; qu'il devait aussi huit à neuf procès à un acte blâmable de M. le président Séguier, et que c'était, de la part de M. Selves, une patience angélique, après avoir atteint l'âge de cinquante ans sans qu'on eût songé à l'appeler *processif*, de souffrir que les vengeances, la haine, le persiflage des gens du palais, et de ceux qui vivent d'inutiles procès, parce qu'il les démasque et qu'il donne les moyens de les éteindre, l'outragent sans cesse, et qu'ils ajoutent aux persécutions qu'ils exercent la qualification de *processif*, qui est si maligne et si odieuse, qu'il aurait le droit, s'il avait moins de mépris pour eux, de les appeler *brigands*.

Ce n'était pas surtout à M. Agier neveu qu'il convenait d'ajouter aux vexations de son oncle contre les exposans; il devrait, au contraire, tout faire pour qu'on ne s'aperçût pas que l'oncle et le neveu sont membres de la même Cour, et qu'ils ont les mêmes passions et font le même mal : car la loi ne leur permet de se trouver ensemble que par une dispense qui se fonde sur l'espoir qu'ils oublieront au palais qu'ils sont parens.

La faveur que le gouvernement vient encore de faire à cette famille, de nommer membre de la même Cour, et greffier en chef, un autre oncle de ce neveu, et beau-frère du président, devrait les rendre plus réservés, surtout quand il n'est peut-être pas clair dans la loi, si dans la même famille il peut y avoir plusieurs dispenses; car le greffier qui vient d'être nommé a dû être doublement dispensé, parce qu'il trouve dans la cour un neveu et un beau-frère.

Il y a bien plus; c'est que cet oncle greffier, appelé *Duplès*, a déjà si bien partagé la prévention, quoiqu'il n'y soit que depuis quelques jours, que, comme il faudra le dire encore à la fin, il a refusé aux exposans de constater le dépôt au greffe, le samedi 8 août courant, d'un acte de récusation contre la Cour, en disant qu'il voulait plutôt consulter la Cour, lorsque, pour ces actes surtout, la loi le rend indépendant, et il le faut bien, car si l'existence de ces actes dépendait de ceux contre lesquels ils sont faits, ils n'existeraient jamais.

C'est aussi ce qui fait sentir que les parentés des greffiers avec les juges doivent être au nombre des liaisons dangereuses; la loi l'a pensé en exigeant des dispenses, et surtout des doubles dispenses dans la même famille sont plus dangereuses encore.

Ces trois hommes réunis peuvent déjà faire seuls des arrêts sur requête, puisqu'ils ont l'un une présidence, l'autre le parquet, et l'autre le greffe. S'ils allaient encore nous fournir quelque conseiller, une seule famille pourrait faire toute espèce d'arrêt.

Mais laissons les MM. Agier. Il était pourtant nécessaire de leur faire sentir leurs fautes; les exposans en ont le droit dès qu'ils sont leurs victimes, et pour les faire réfléchir et rentrer en eux-mêmes. S'ils y rentrent, ils trouveront ce que leur honnêteté et leur conscience doivent faire pour les exposans, et pour rassurer le public, sans attendre que le gouvernement le rassure.

Quoi qu'il en soit, M. Selves leur souhaite que, s'ils parcourent une carrière aussi laborieuse que l'a été la sienne pour la justice, comme ses ouvrages le prouvent, ils n'en soient pas récompensés par le mal des vengeances, des préventions et des étourderies, ou, si cela leur arrivait, d'avoir autant de force que lui pour y résister, et tout le flegme de son indignation et de sa pitié.

Le temps qui s'est écoulé depuis que M. Selves a commencé ses ouvrages, et les causes qui l'y ont excité, sont trop notoires, ainsi que sa noble indépendance, pour soupçonner qu'il y ait de sa part la moindre rivalité. Ses travaux sont trop fruit de peine, et sans talent, pour qu'il puisse se croire digne d'avoir des rivaux; et si ce n'était l'utilité de publier les faits, et toujours des faits, qu'il a été forcé par devoir, et invité de recueillir, et puis la nécessité de défendre lui et les siens, il n'aurait jamais songé à écrire.

Faut-il retracer encore, pour reprendre les faits, une autre atrocité de trois avoués qui ont soustrait impunément du greffe trois déclarations de frais dans une affaire où ils ont été portés à environ 10,000 fr., et presque tous mis sur le compte des exposans.

C'est dans la même affaire où Me Boudard a exigé 1470 fr., prétendus liquidés pour lui quand la liquidation n'existe pas.

Le procès avait commencé en première instance, et jugé sur l'appel, par un arrêt qui cisaille tous les dépens en huitièmes; et comme la plus grande partie, d'après la forme, devait retomber comme privilégiés sur le débiteur des exposans qui n'a rien, ils s'en trouvent victimes.

Trois avoués, Boudard, Lescot, Soubdès, occupaient sur l'appel; il ont fait leurs déclarations de frais pour liquider, dans les formes anciennes, ceux de première instance; ils ont commencé entre eux cette liquidation, et avec l'avoué tiers, qui, après son opération, dut la remettre au greffe pour être soumise au juge.

Mais, sans que ces trois déclarations des dépens de première instance, qui excèdent seules 6000 fr., aient été examinées, arrêtées, signées par le juge, comme la loi le veut, pour rester déposées au greffe, chacun des trois avoués a soustrait du greffe sa déclaration, et a imaginé de porter en bloc au premier article de l'état des frais d'appel, les frais de première instance, en y disant faussement que les dépens étaient liquidés suivant l'ancienne forme. M. Letellier-d'Hurtrelle, juge, sans rien examiner, l'a cru, a alloué tout ce qu'on demandait, et a rendu ces états exécutoires, par sa signature, vers janvier 1810.

Quand les exposans ont été forcés de voir ces liquidations pour savoir ce qui avait été passé, et qu'ils devaient solder à des huissiers à des avoués de première instance, ils n'ont pas trouvé au greffe les trois déclarations de dépens de première instance; ils les ont fait demander au greffier, aux avoués; ils ont prié leur avoué de forcer les avoués à les déposer. Cela a traîné jusqu'aux vacances de 1811, que les exposans, poursuivis, condamnés provisoirement à des sommes arbitraires, en faveur d'avoués et d'huissiers qui demandaient leur part, ont été forcés de faire enjoindre par M. Gilbert des Voisins à leur avoué de citer les trois avoués pour réintégrer le greffe des trois déclarations soustraites.

L'avoué Lescot alla furtivement au greffe jeter la sienne, qui était la moindre, et comme s'il ne l'avait jamais soustraite, demanda et obtint sa décharge avec dépens, sans qu'il fût possible aux exposans, leur avoué étant absent, d'obtenir sur l'audience l'injonction à un autre avoué de signer pour eux des conclusions, tendantes à ce qu'attendu que Lescot venait de remettre sa déclaration, et quelle prouvait quelle n'était pas liquidée par le juge, on prononçât la nullité de l'exécutoire dans lequel le montant de cette déclaration était compris.

Me Boudard, qui avait soustrait la plus forte déclaration, montant à plus de 3000 fr., prit le parti d'offrir de la rendre, ce qu'il n'a pas encore fait, et on se contenta de ne le condamner qu'aux dépens.

L'avoué Soubdès, plus hardi, soutint qu'il avait pu prendre, retenir et livrer à sa partie avec les autres pièces, la déclaration des dépens prétendus liquidés, et sur lesquels exécutoire avait été pris; que son mandat d'ailleurs avait pris fin, et que demeurant sa déclaration qu'il l'avait remise à sa partie, il devait être déchargé avec dépens.

Il soutint hardiment que ni juge, ni personne n'avait le droit de faire déposer au greffe de pareilles déclarations, quand toutes les lois ont toujours dit qu'elles doivent être attachées aux minutes des jugemens, parce qu'elles sont elles-mêmes des minutes des jugemens des frais.

M. le substitut Deschones pipa et soutint ces erreurs si révoltantes de cet avoué, avec une telle chaleur, qu'il déclara qu'il espérait que la Cour déchargerait l'avoué Soubdès; ce substitut s'étonna en même temps que M. Selves demandât qu'on enjoignît à un avoué de prendre pour lui de nouvelles conclusions contre l'avoué Lescot, qui venait de remettre sa déclaration; et quoique cela changeât la cause, il s'oublia jusqu'à dire que M. Selves avait assez de conclusions avec celles que son avoué absent avait signées par l'injonction du président. La Cour à son tour, avec la rapidité de l'éclair, prononça selon les expressions de ce substitut, par un arrêt du 24 octobre 1811, et condamna encore M. Selves aux dépens.

Ainsi cet arrêt laisse encore un autre procès pendant, pour forcer la partie de l'avoué Soubdès à réintégrer au greffe de la déclaration que cet avoué prétend lui avoir remise, et pour faire annuler tous les exécutoires pris sur ces déclarations, en disant faussement qu'elles étaient liquidées, et en trompant le juge, M. Letellier-d'Hurtrelle qui, sans rien examiner, l'a cru et l'a signé au bas de l'état des frais d'appel; ce qui, aux termes des lois, surtout de celle du 27 mars 1791, rend M. Letellier-d'Hurtrelle responsable, et dans le cas de la prise à partie, sauf son recours selon la loi contre les avoués qui l'ont surpris.

Ces négligences des juges sans cesse répétées, ce courage de ce substitut qui a plaidé et fait juger de suite que les déclarations de dépens prétendus liquidés peuvent être impunément soustraites du greffe, et que les juges n'ont pas le droit de les examiner après que les avoués les ont liquidées entre eux, montre encore tant de partialité en faveur des avoués contre les exposans, et de contrariété avec les lois, qui rendent les juges positivement responsables quand ils passent quelque chose de trop dans les liquidations des dépens, qu'il ne faut pas s'étonner qu'un magistrat, qui est encore membre de la Cour ait écrit, il y a peu de temps, en traitant de la magistrature, ce qu'on ne peut s'empêcher de dire comme lui, et ce n'est pas une injure de le répéter dès qu'il l'a dit, que dans les chambres de sept à huit juges, il y en a à peine deux ou trois assez instruits, assez expérimentés, pour entendre la question quand ils la jugent; et c'est ce qui fait renaître sans cesse des procès, surtout quand des préventions, ou d'autres passions font encore passer à côté de la question ceux qui pourraient l'entendre.

Le procès qui reste pour faire porter au greffe la déclaration qui manque, et faire annuler les exécutoires, et qui peut mener à s'inscrire en faux contre les pièces dans lesquelles il a été dit et signé, que ces déclarations étaient liquidées, ne marche pas, parce qu'il est encore dans celui-là impossible devant la Cour impériale de Paris, comme on l'a vu, de rien faire faire à un avoué contre des avoués ses confrères, sans injonction, et que lors même qu'on a des injonctions ils ne les écoutent pas ; et il arrive même que les juges souvent ne répondent pas les requêtes, comme nous l'avons prouvé, malgré les réquisitions légales par huissier.

Il n'y a pas jusqu'aux huissiers qui ne soient atteints du désir de nuire aux exposans, en leur refusant leur ministère dans les délais fatals pour les ruiner.

M. le procureur impérial peut dire qu'au mois de septembre dernier, l'huissier Gromort, qui travaille au bureau des huissiers, dont l'un venait de signifier aux exposans une ordonnance à laquelle il fallait former opposition dans vingt-quatre heures, à peine de déchéance, ne signifia cette opposition que par une injonction que M. Selves, qui, par bonheur se trouva au palais au moment du refus, lui fit faire, sans quoi la déchéance allait avoir lieu. Qu'on calcule les dangers de pareils refus. Cependant cet huissier Gromort descendait depuis peu de jours des bans criminels où il était monté comme accusé d'avoir mal fait son devoir. Voilà comment ils se corrigent.

Il n'y a pas un clerc au palais qui ne dise qu'on condamne toujours les exposans sur l'étiquette du sac, et qu'il faut que M. Selves ait toujours les armes à la main pour forcer à signer sa défense, et sans pouvoir les trois quarts du temps y réussir.

Cet état des choses peut-il durer, quand il a produit tous les maux qu'on a vus, et ceux que nous pourrions faire voir encore ?

Mais, si le lecteur n'est pas fatigué d'en lire, nous sommes fatigués d'en écrire ; et nous n'en avons que trop dit, pour être sûrs que les exposans seront éloignés de la Cour impériale de Paris et de ses alentours, qui exercent les vengeances, et excitent toutes les préventions.

La récusation que nous proposons est fondée sur le moyen général le plus puissant en cette matière, qui est une cabale formée, et qu'on sait faire protéger pour se venger, contre M. Selves, de la manière la plus violente et la plus constante depuis dix ans; ce qui, encore une fois, ne pourrait pas être cru et ne paraîtrait pas possible, si toutes les lois que nous avons citées, en le prévoyant, ne le rendaient pas croyable.

Nous ne nous sommes pas amusés à développer d'autres moyens sans nombre, non seulement de convenance, mais légaux, qui sollicitent aussi cette récusation.

Le double moyen, par exemple, pris de l'art. 505, quand il dit que les juges pourront être pris à partie, lorsque la prise à partie est expressément prononcée par la loi qu'ils ont violée, et quand aussi la loi déclare les juges responsables, se trouve bien encore dans notre espèce, indépendamment du déni de justice, puisque nous avons cité plusieurs faits et tant de lois qui portent et la prise à partie, et la responsabilité, ne fût-ce que pour les occasions où les juges ont constamment alloué ce qui n'était pas dû pour dépens.

Le moyen aussi pris d'avoir si souvent condamné sans entendre, d'avoir refusé de faire des injonctions pour signer et signifier des conclusions, d'avoir entièrement intercepté si souvent la défense, sont encore les plus puissans motifs pour éloigner les justiciables de ceux qui leur font tout ce mal.

Nous ne nous sommes pas amusés non plus à particulariser les moyens divers qui militent contre divers membres, et qui autoriseraient pourtant au moins une suspicion légitime.

Car dès qu'il est bien constant, et que ce que nous avons prouvé ne permet à personne de douter, que les avoués surtout font corps contre les exposans pour les ruiner, principalement à leur profit, assurément il n'est pas dans les convenances, ni dans la volonté de la loi, que des amis, des protecteurs notoires, des parens, et très-proches parens des avoués, restent juges. Car il y a M. Beau, qui est gendre d'avoué, M. Merville, qui en est frère, et peut-être encore d'autres membres de la Cour, qui leur tiennent; il y en a plusieurs aussi dans le tribunal de première instance.

Il est vrai, et avec l'impartialité qui nous est propre, nous devons dire, et cela est connu au palais, que si l'on eût cru M. Merville, frère d'avoué, lors de l'arrêt du 16 août 1810 qui, dans l'aveuglement, accorde contre nous des dommages qui n'étaient demandés qu'applicables aux hospices, et ordonna une affiche, on aurait pensé que véritablement les exposans étaient des victimes, et qu'il ne fallait pas ainsi pousser à bout les persécutions, et protéger les avoués, en disant qu'on les injuriait, quand on ne disait que des vérités nécessaires.

Il y a bien d'autres raisons de convenance et de motifs de s'abstenir pour la Cour impériale, mais qu'il nous est permis de négliger, car nous n'irons pas dire une foule de particularités qui seraient pourtant bien propres à justifier des suspicions.

Nous ne dirons pas que l'un des juges qui a figuré presque dans tous les arrêts, n'aurait jamais dû s'y trouver, parce qu'il ne pardonnera jamais à M. Selves d'avoir été commissaire pour faire cesser les disputes qu'il avait avec les fournisseurs des chevaux du service criminel, et que ce juge se faisait fournir pour aller courir la nuit, et rentrer si tard, que le fournisseur le couvrait sans cesse de reproches et d'injures, ce qui donna lieu au président de rendre une ordonnance pour autoriser le refus des chevaux à tous autres que les membres du parquet qui tenaient les audiences. Cependant M. Selves ne fit jamais à ce juge que des représentions de la morale la plus douce, en lui disant qu'avec son grand âge, ses cheveux gris, ses yeux presque privés de lumière, et ses autres infirmités, il fallait se résigner à la vie d'hermite, surtout la nuit.

Nous dirions pourtant encore, si nous le pouvions, sans compromettre personne, comme le pourrait M. Séguier, s'il voulait le dire, quel est ce magistrat de la Cour impériale, qui, de mauvaise humeur contre les ouvrages de M. Selves, s'est entretenu souvent sur son compte, et qui, ennemi des lois et de la caisse publique, qui pourtant le fait vivre, disait que M. Selves n'était qu'un praticien de village, et qu'il ne devrait pas se permettre à Paris de renouveler la querelle du papier timbré, qu'on faisait servir deux fois au palais ; et il le disait sans avoir pris la peine de s'instruire que c'est principalement du papier qu'on n'emploie pas et qu'on suppose employé, et qui enlevait alors plus d'un million par an au trésor, dont M. Selves a parlé et fait constater les pillages, et dont il a été victime lui-même, dans une occasion, puisqu'on lui a fait payer, pour une prétendue affiche, environ 5,000 francs de papier timbré.

Heureusement ce magistrat, à la fin, rencontra des personnes qui connaissent depuis cinquante ans M. Selves, et qui lui répondirent : « Prenez garde, M. Selves n'est pas un praticien de village ; s'il n'a pas de talens, il a au moins beaucoup d'étude et d'expérience ; nous l'avons vu faire son université : son principe est de ne rien dire que d'après des faits prouvés, et alors il est certain de sa thèse, et la soutient. »

Ce magistrat n'a plus osé depuis répéter que M. Selves n'était qu'un praticien, mais il a osé blâmer son courage, et dire que s'il avait les talens de M. Selves, il en ferait meilleur usage, parce que ce magistrat aime à faire son devoir tellement quellement, à laisser aller le monde comme il va, à encenser toujours monsieur le prieur, sans s'embarrasser si le couvent tombe dans le relâchement.

Nous ne disons pas que ce magistrat soit M. Séguier, mais, si c'était lui, nous avons mis le lecteur à portée de juger qui de M. Séguier ou de M. Selves, sert mieux les lois et l'état.

Nous pourrions raconter d'autres faits personnels, surtout de ces petites colères d'amour-propre, quand les exposans ont crié contre des avoués et des juges qui, sans examen, ont signé tant de taxes exorbitantes, et particulièrement celles où l'on a pris comme ordinaires des frais qui n'étaient que sommaires, ce qui seul a pillé aux exposans des sommes énormes.

Nous pourrions citer un arrêt, où le jeune conseiller M. Bastard fut piqué de ce qu'on avait attaqué une taxe qu'il avait signée comme ordinaire, et qui ne devait être que de la moitié d'un droit sommaire, s'agissant de dépens entre l'avoué et le client, dans cet arrêt, en déboutant de l'opposition à la taxe, la prévention, sans examen, fit dire que ce n'était pas matière sommaire, dès qu'il s'agissait de plus de 1000 fr., tandis que toutes les causes personnelles sont sommaires jusqu'à 5,000 fr. et jusqu'à toute autre somme, quand le titre n'est pas contesté, et il y en a, comme celle en question, qui le sont même doublement par leur matière.

Croit-on aussi que, dès que M. Selves, dans ses ouvrages, que les sages lisent et estiment, a particulièrement signalé, depuis dix ans, les désordres du palais de Paris, et rapporté tant de faits dans lesquels les acteurs sont reconnus sans les nommer; et que ce n'est pas pour le besoin du moment, mais pour le bien public qu'il l'a fait, et qu'il a été forcé de le faire, et que les vengeances et les protections ont à mesure augmenté, ce ne soit pas une circonstance plus que de convenance pour empêcher qu'il reste à la merci des hommes du palais de Paris, et pour l'en éloigner ?

Mais, jusqu'ici, ne pouvant détruire ni répondre aux ouvrages, on a trouvé plus simple de chercher à détruire l'auteur, et c'est ce qu'on aperçoit partout dans ce que nous avons dit.

Car, si l'on rappelait ici les pillages, on verrait que d'abord quatre ou cinq articles de frais seuls,

Celui du faux impuni par les juges corrompus ;

Celui des créances ressuscitées ;

Celui de l'affaire où il y a quatre-vingts requêtes ;

Celui de l'avoué de première instance des exposans, et puis celui de leur avoué d'appel,

Ont coûté à peu près mille louis chacun ; ce qui fait 100,000 fr. pour cinq ou six avoués.

Que la foule des autres avoués, dans les autres persécutions, a coûté aussi plus de 100,000 fr.

Que les créances supposées ont coûté 100,000 fr. de capital, et plus de 50,000 fr. d'intérêts depuis dix ans.

Avec les faux frais, il y a eu peut-être plus de 400,000 fr. de dépense ; et si M. Selves n'avait pas évité, par sa fermeté, une foule d'autres accidens, et fait lui-même beaucoup d'écritures, si ses biens n'avaient pas augmenté de valeur, s'il n'avait pas trouvé à emprunter plus de 200,000 f., il y a long-temps que lui et les siens seraient expropriés, anéantis ; voilà, jusqu'ici, à peu près les résultats des pillages, sans compter toute autre espèce de torts.

C'est trop, encore une fois, s'appesantir sur ce qui donne à chaque ligne la conviction des persécutions, et trop se fatiguer par les détails, quoiqu'il n'y ait pas de matière qui en permette davantage, parce que c'est dans ce cas que, lorsque chaque fait ne serait pas, comme il l'est ici, un moyen décisif, la réunion de ceux qu'on a vus les rend insurmontables, d'après la maxime *quæ singula non prosunt cumulata juvant.*

Il faut donc nous résumer, et rappeler toujours que cette dénonciation a un double objet.

Le premier, d'être adressée à son excellence le procureur général de la haute Cour impériale, pour la prise à partie renvoyée à cette Cour par les lois, et surtout par les art. 508 et 509 du Code de procédure, d'après l'article 101 des constitutions de l'Empire; lorsqu'il y a eu deux réquisitions inutilement faites à une Cour, par huissier au greffier, de répondre des requêtes;

Et que cela seul serait suffisant pour faire prononcer, ainsi que de droit, sur le fond de la prise à partie, et pour forcer, en attendant, la Cour impériale à s'abstenir.

Il n'appartient pas aux exposans de pressentir ce que son excellence M. le procureur général fera sur la requête qui lui sera présentée, en conformité de l'article 514, en y joignant cette dénonciation, s'il ne pouvait pas assembler la Haute Cour pour l'admission. Les exposans ne peuvent que lui adresser leur requête, et ils ne doivent pas souffrir de ce qui ne dépend pas d'eux.

Mais son excellence verra que ce n'est pas seulement le déni de justice constaté, et la violation de plusieurs lois, qui rendent les juges personnellement responsables, qui, en présentant un double moyen de prise à partie, commandent de forcer la Cour impériale à s'abstenir; qu'il y a de plus une foule d'autres moyens de récusation qui auraient obligé la Cour impériale elle-même de se récuser, si son greffier, ses huissiers, n'avaient pas empêché de s'adresser directement à elle; et que, dans ces circonstances, il est juste et convenable que S. E. le procureur général de la Haute Cour fasse au plutôt ce qui doit empêcher cette Cour de continuer de juger aucune espèce de contestations des exposans, présente et future.

Le second objet, est d'instruire avec détail la Cour de cassation, qui, de son côté, ne peut manquer de trouver que tant de moyens de prise à partie et de récusation sont bien, à plus forte raison, des moyens de suspicion légitime, pour nantir sa compétence, et renvoyer, dans le ressort et devant une autre Cour impériale, toutes les contestations pendantes et suscitées aux exposans, et dont l'énumération lui sera présentée, et l'existence justifiée dans une requête particulière.

Les pièces à l'appui de tous les faits seront indiquées, et toutes celles qui sont au pouvoir des exposans, relatées dans un inventaire qui sera successivement produit à toute réquisition, devant MM. les magistrats de la Haute Cour, et ceux de la Cour de cassation.

Dans le temps, les exposans s'étaient adressés pour un renvoi à la Cour de cassation, mais elle trouva qu'ils auraient dû produire les pièces qu'ils n'avaient pas et qu'on leur détenait; ils sont parvenus depuis à les faire déposer et parapher chez un notaire où ils peuvent les prendre, pour produire celles qui sont nécessaires.

D'ailleurs, depuis, il s'est passé beaucoup d'autres faits, dont nous avons les pièces, qui permettent aux exposans de s'adresser de nouveau à la Cour de cassation.

Il convient de dire un mot de ce qui s'est passé, quand les exposans ont voulu s'adresser à la Cour impériale elle-même, en lui présentant un acte de récusation, terminé même en forme de requête, pour témoigner d'autant plus leur respect envers la magistrature.

C'est le samedi, 8 août courant, que le greffier en chef n'a pas voulu constater le dépôt, en disant qu'il voulait le lundi suivant consulter la Cour, et que, si cela ne plaisait pas aux exposans, ils pouvaient faire ce qu'ils voudraient.

A leur tour, les huissiers de la Cour, dans le bureau desquels M. Selves se transporta plusieurs fois, à l'effet de faire signifier au greffier une réquisition de deux lignes, pour vaincre son refus et constater ce dépôt, finirent par s'y refuser.

Ils avaient d'abord dit à M. Selves, que, s'ils ne signifiaient pas de suite sa réquisition, c'était parce que l'huissier, qui était de tour de signature ce jour là, était absent, et qu'il était défendu aux autres, par leurs réglemens, de signer; comme s'il pouvait y avoir de pareils réglemens entre les huissiers, et s'ils ne devaient pas toujours être prêts à tout signifier quand ils en sont requis. Une pareille réponse n'est-elle pas tout à fait effrayante de la part des huissiers d'une Cour souveraine, de la première ville du monde, quand la conservation de la fortune, de l'honneur, de la vie, peut dépendre du retard d'une signification.

Puis, après avoir fait revenir deux ou trois fois M. Selves, ils ont osé lui ajouter que tous les huissiers, après s'être consultés, avaient décidé qu'étant officiers de la Cour, ils ne voulaient pas signifier au greffier un acte contre la Cour. Et quoique M. Selves leur ait très-honnêtement représenté que c'était une suite des actes de déni de justice, et que la loi enjoignait à tout huissier de les signifier sous peine d'interdiction, ils ont déclaré que cela leur était égal; qu'on n'avait qu'à faire ce qu'on voudrait, et qu'ils ne signifieraient qu'après des injonctions de la Cour.

Ainsi, voilà encore un autre fait qui démontre seul comment les exposans sont traités, joués, opprimés par les huissiers eux-mêmes.

Ni avoué, ni greffier, ni huissier, ne veulent donc exécuter les lois pour eux; ils demandent des injonctions de la Cour, lors même que ce sont des actes contre la Cour, pour lesquels au moins ils sont bien et doivent être indépendans; et comme ils ne voyent que la Cour, et ne croyent pas avoir d'autres supérieurs, ils se moquent des exposans et de la loi, parce qu'ils pensent que, s'ils agissaient autrement, ils s'exposeraient à l'animadversion des juges, et qu'en se conduisant ainsi ils leur font la cour.

On a vu aussi combien de fois, depuis dix ans, les exposans ont été forcés de courir, pour avoir des injonctions, souvent sans succès, ou trop tard; combien elles ont été souvent impuissantes et inutilement réitérées, et combien les juges ont été sourds pour punir la désobéissance aux lois, le mépris envers leurs ordres même, quand ils ne s'agissait que de faire ce que les lois commandent, et lors même que les lois qualifient de forfaiture toute entreprise d'un fonctionnaire ou d'un agent, quel qu'il soit, qui fait un acte défendu par les lois, ou qui ne fait pas un acte qui entre dans l'ordre de ses devoirs. On peut voir les expressions dont s'est servi, à cet égard, le discours de l'orateur du Conseil d'État, du 6 février 1810.

Tandis que nous avons expliqué que, lorsque l'envie prend de persécuter les exposans, sous un prétexte vrai ou faux, avoués, juges, greffiers, huissiers, tous sont prêts à demander, à signer, à exécuter sans lire; que les juges vont même jusqu'à donner des condamnations qui ne sont pas demandées, comme nous avons prouvé que cela est arrivé dans plusieurs occasions, et à supprimer des dispositions prononcées, comme l'a fait M. Agier; et jusqu'à ordonner d'exécuter des condamnations qui n'existent pas, comme l'a fait M. Séguier, sans pouvoir leur faire réparer le mal, lorsqu'on le leur a fait reconnaître, sans craindre les dispositions pénales, réitérées dans toutes les lois, et dans l'article 183 du nouveau Code pénal, qui soumettent à des peines les juges qui agissent par inimitié contre une partie, ou par faveur pour l'autre, ou qui, encore une fois, font des actes défendus, ou ne font pas des actes qui leur sont commandés. Car, dès que la loi a prévu tous ces cas, elle les a jugés possibles; et quelle que soit la prévention publique en faveur de ceux qui en sont inculpés, cette prévention ne présente que des mots, ce sont les faits qu'il faut éclaircir et qui doivent l'emporter, même contre les renommées. *Facta potentiora verbis.*

De pareils faits n'ont pas besoin de péroraison pour

exciter des mouvemens oratoires; leur récit seul fait trembler. Nous aurions même voulu les rendre plus concis, si nous en avions eu le tems; et si nous les avons accompagnés de quelques réflexions qui en font ressortir l'odieux, loin de pouvoir dire qu'elles présentent la moindre injure, elles ne sont tirées que du sein des faits eux-mêmes, tous nécessaires à faire connaître, pour le salut des exposans et pour l'exemple.

Le complot va jusqu'à écraser les exposans par des iniquités et par les fatigues inséparables des courses infinies, quand ils veulent empêcher que leur défense soit interceptée.

Les exposans ont assez satisfait aux règles de l'honnêteté; ils ne sont plus tenus de s'épuiser, se fatiguer plus long-temps dans les bureaux des huissiers, dans les greffes, les cabinets, les antichambres, les audiences, et d'y supporter les effets de la malice, de la morgue et des outrages.

On n'y réussira plus; les exposans n'en ont plus ni le temps, ni la force; ils ne feront autre chose que se plaindre et crier dans des écrits comme celui-ci, jusqu'à ce qu'ils seront écoutés.

En attendant, ne pouvant aborder même les registres du greffe, ni les huissiers, pour forcer à les ouvrir, défiant que rien de ce qu'ils ont dit puisse être contesté, puisque la plupart des faits résultent de pièces authentiques, ils saisissent l'occasion de la présente dénonciation pour y consigner une nouvelle plainte, et protestation contre les vengeances, les persécutions et l'oppression qu'ils viennent de développer, contre la rébellion ouverte envers les lois à leur détriment, et enfin contre tous les auteurs et protecteurs de leurs souffrances, et tous ceux qui y participent; et pour avoir encore au besoin des lettres de relief du temps, si quelque délai fatal expirait avant qu'ils pussent se faire entendre par l'autorité suprême, et pour faire tout valoir devant des juges nouveaux, qu'on ne peut leur refuser, et qui soient froids et impassibles comme la loi.

Les exposans finiront par où ils ont commencé, en disant, comme l'un des plus grands publicistes, que les juges ne doivent pas donner la justice selon leurs passions, mais ils doivent la distribuer selon les lois, et forcer les officiers subalternes à leur exécution.

« Les lois siégent avant les magistrats, dont les fonc-
» tions se bornent à les exécuter. »

Sciant judices se jus dicere, non jus dare.

Signé SELVES et ROMET.

FIN.

INVENTAIRE

DES PIÈCES A L'APPUI

DE LA

REQUÊTE EN PRISE A PARTIE

DE LA COUR IMPÉRIALE DE PARIS

DEVANT LA HAUTE COUR,

Et du Renvoi par la Cour de Cassation à une autre Cour Impériale,

POUR M. ET Mme SELVES.

Ces pièces vont être produites en quatre liasses, pour prouver ce qui est dit dans chacun des quatre points qui composent la Dénonciation des exposans, dans laquelle leurs moyens sont développés. Cette Dénonciation n'est pas seulement imprimée, mais elle est, pour la plus grande régularité, manuscrite et signée sur papier timbré, et jointe à la Requête adressée à la Cour de cassation.

La première des quatre liasses que nous produisons n'a qu'un dossier, qui renferme les deux réquisitions faites à la Cour impériale de Paris, par huissier, de rendre diverses requêtes répondues, et au bas desquelles le greffier en chef de la Cour répondit à l'huissier n'avoir rien à dire. Ces deux exploits, datés des 25 janvier et 4 février 1811, faits selon la loi, constatent formellement un déni de justice, qui seul serait un moyen suffisant pour autoriser la prise à partie. Ces exploits sont ci-cotés lettre . . . . . . A

Deux pièces.

Ils prouveraient aussi seuls l'erreur de ceux qui regardent comme incroyable, impossible, que des juges, et même la majorité des membres d'une Cour, puissent s'oublier quand il s'agit de distribuer la justice, et qui doutent que la faveur, l'inimitié de quelques meneurs, et la prévention inspirée à d'autres, puissent établir des ligues, des cabales pour écouter et favoriser surtout les subalternes qui les entourent. Ces deux réquisitions, et la réponse du gréffier en chef qu'on vient de produire, devraient suffire pour leur faire ouvrir les yeux : mais de plus, les lois, et surtout le nouveau Code pénal, qui ont établi textuellement des peines contre les coalitions des fonctionnaires, contre ceux qui font des actes défendus, ou qui ne font pas des actes qu'il leur est ordonné de faire, et contre ceux qui jugent par faveur ou par inimitié, ont bien pensé que cela était possible. Les pièces suivantes vont encore mieux le prouver.

La seconde liasse, composée de trois pièces, est

relative à *la première* occasion qui fut saisie pour exécuter le complot de vengeance et de ruine dont les causes sont expliquées dans la Dénonciation.

Ce complot commença en soufflant les copies de la notification de la vente d'une maison sur laquelle les exposans étaient créanciers, et se continua par l'impunité de ce faux, qui fut prononcée par six juges, dont cinq furent corrompus ; et allèrent dîner le lendemain chez l'un des accusés qu'ils venaient d'acquitter, et avec des femmes. La seule lecture de la procédure de ce faux, qui est au greffe, et qui fut jugée le 22 brumaire an 11, ne permet pas de douter, d'après les preuves et les aveux qu'elle renferme, qu'il n'a pu y avoir qu'un événement extraordinaire qui ait empêché de punir le faux.

Outre le droit et la faculté que les Cours supérieures auxquelles les exposans s'adressent aujourd'hui, ont de voir cette procédure, les exposans, en faisant et réitérant leur plainte, ont toujours offert toute espèce de preuves de cette forfaiture. Ils y ajouteront aussi deux pièces privées, qui sont produites sous enveloppe cachetée, afin que l'indécence qu'elles présentent ne soit connue que lorsqu'on fera l'instruction que la loi commande, mais que les juges ont constamment refusée par un silence, une inertie qui sont encore une forfaiture eux-mêmes.

Ce refus est surtout prouvé par un arrêt de la Cour impériale de Paris, du 6 mai 1811, où l'on voit, dans les qualités, que les exposans demandaient acte de leur plainte, et le dispositif n'en dit pas le mot. Cet arrêt seul justifie encore plus que les deux réquisitions le déni de justice de janvier et février, que les meneurs de la Cour impériale ont hautement pris le parti de ne pas écouter les exposans quand on ne peut pas les condamner, et quand, si on les écoutait, on ne pourrait que les faire jouir du bénéfice des lois dont on les prive si ouvertement.

Cette seconde liasse n'est donc composée que de trois pièces, qui sont les deux sous enveloppes cachetées, et la copie de l'arrêt du 6 mai. Elle est cotée lettre . . . . B

Trois pièces.

La troisième liasse se compose de douze pièces, qui prouvent que la *seconde* occasion saisie contre les exposans, après avoir enlevé la maison, et pour enlever encore le prix des biens ruraux du même débiteur, fut de ressusciter deux créances hypothécaires, l'une de 15, l'autre de 98,000 francs, qui n'existaient plus.

Parmi ces douze pièces, on en trouve d'abord cinq qui sont un extrait d'inscriptions hypothécaires, et trois jugemens de Melun, qui prouvent le fait avancé que l'élection de domicile du plus fort des deux créanciers ressuscités avait été faite chez M. Loisel, lorsqu'il était conseil et homme de loi, et se continua chez lui lorsqu'il fut devenu procureur impérial.

Ce fonctionnaire se permit non seulement de connaître de la collocation de la créance, mais encore de souffrir que le sieur Nancey, avoué, son commensal, son beau-frère, logé avec lui, qui dans la cause avait occupé pour le débiteur, entrât dans le complot fait à Paris, et se liguât avec un avoué de Paris, cité dans le jugement comme présent à Melun, et occupât pour le prétendu créancier, en allant de concert avec le débiteur.

Ce n'est que six ans après que, sur les suites de cette collocation, ce procureur *impérial* a reconnu que, selon les lois, il devait se récuser, et s'est récusé en effet, comme la cinquième de ces pièces, qui est une lettre timbrée et enregistrée, le prouve.

Plus, six pièces de la même liasse, qui sont une déclaration, un transport, un pouvoir remis à un avoué par le débiteur, deux interrogatoires et un arrêt du 6 frimaire an 14, démontrent qu'après l'enlèvement du prix des biens, on fit la découverte et la saisie des pièces qui avaient éteint les deux créances ressuscitées; et de plus, que l'un des prétendus créanciers fut forcé de l'avouer, et de rendre même les frais que la demande faite mal à propos de sa créance payée avait causés : circonstance seule démonstrative du complot de ruiner les exposans.

La douzième pièce de cette liasse est un arrêt du 16 août 1810, lors duquel, quoiqu'on fût forcé de prononcer la restitution au moins de 14,000 fr. sur la plus forte créance, on alla, sans entendre et sans lire, jusqu'à condamner les exposans, par *ultra petita*, à payer au prétendu créancier lui-même des dommages qu'il ne demandait qu'applicables aux hospices; et l'on ordonna vaguement l'affiche, sous prétexte d'injures, lorsque tout ce qu'on avait dit était qu'on prononçait sans lire, et que l'arrêt lui-même le prouve, surtout par l'*ultra petita*. Cet arrêt n'est pas encore signifié, afin de ne pas faire courir le délai de la requête civile avant d'avoir les nouveaux juges que les exposans demandent, et pour ne pas revenir devant ceux dont la partialité, la faveur et l'inimitié contre les exposans sont si évidentes. La Requête et la Dénonciation donnent les détails. Cette troisième liasse est ci-cotée lettre C

Douze pièces.

La quatrième et dernière liasse est relative à la *troisième* occasion qui a été aussi saisie pour détruire les exposans.

Elle se compose de huit dossiers, dont chacun prouve quelqu'un des principaux faits posés dans la Dénonciation.

Le premier dossier de cette liasse contient quarante-deux copies de prétendues requêtes grossoyées, faites méchamment par quatre avoués, pour ruiner les exposans par des frais dans une simple question préjudicielle, qui consistait à savoir si les exposans demandaient trop tôt une créance.

Dans cette question, les quatre avoués, d'accord, opposaient simplement une fin de non recevoir quant à présent; on verra même avec le temps, et par la copie de la déclaration des dépens, que ces avoués cachent, qu'on demandait de plus le prix de trente-huit requêtes simples, ce qui faisait quatre-vingts requêtes, quand une seule était permise. Ce dossier est ci-coté lettre . . . . D

Quarante-deux pièces.

Le second dossier se compose de sept lettres missives.

L'une, du 9 nivose an 13, dans laquelle, sur la plainte que les exposans avaient adressée au syndic de la chambre même des avoués, pour invoquer la discipline et arrêter les excès, ce syndic refuse, et répond qu'il n'a rien à requérir, et qu'il faut attendre les taxes. Il ajoute avec audace que les plaintes en pareil cas d'un magistrat ne sont pas d'un bon exemple, et que s'il les continue, il ne sera pas probablement écouté. Et ce syndic a été prophète, comme les seules réquisitions plus haut produites pour le déni de justice le démontrent.

On y voit une autre lettre du 14 juin 1806, de l'avocat estimable des exposans, qui leur annonce qu'il est inutile qu'il continue de les défendre; que les avoués font corps contre eux, les font écouter défavorablement par les juges; qu'il a assez lutté contre la prévention; qu'il y a un *tolle* insensé qui gagne par imitation; que les avoués lui portent préjudice parce qu'il défend les exposans; qu'il faut qu'il évite sa ruine, etc.

Les cinq autres lettres de ce dossier sont d'un officier de Melun, écrites depuis le 21 novembre 1807 jusqu'en juillet 1812, et qui disent et répètent que les exposans n'ont rien à espérer de leur défense devant ces juges;

que l'avoué Nancey, beau-frère du procureur impérial dont il a été parlé, *suscite lui-même et se vante, par son crédit, de faire perdre aux exposans tous leurs procès;* que *la prévention* qui existe contre eux est une *calamité judiciaire;* qu'il est inutile de résister à *l'oppression* de ceux qui abusent de leur autorité; que celui duquel elle émane ne peut pas tout voir, et punir les abus qu'en font ses délégués, etc.

Ces avis, ces explications de diverses personnes toutes concordantes, prouveraient aussi seuls le complot de ruine, et la coalition contre les exposans, des meneurs du Palais de Paris et de Melun. Ce dossier, de sept pièces, est ci-coté lettre . . . . E

Sept pièces.

Le troisième dossier de cette liasse se compose de quatre copies en forme, renfermant cinq arrêts datés des 26 floréal, 3 thermidor, 14 messidor, 2 et 11 fructidor an 13, qui justifieraient encore seuls l'accord, la connivence et la trahison dans la défense des exposans, par l'avoué qu'ils étaient forcés d'employer pour leur défense, et le complot des meneurs qui sont parmi les avoués et les juges; car on voit parmi ces arrêts celui du 26 floréal, qui, à suite des quatre-vingts requêtes, refuse d'arrêter le débordement des avoués. Cet arrêt dit, comme la lettre du syndic, qu'il faut attendre les taxes; et depuis huit ans les exposans, malgré mille plaintes verbales, manuscrites, imprimées, attendent ces taxes, et les attendraient inutilement toute leur vie sans le recours actuel, parce que les avoués, tant que vivra M. Selves, craindront qu'il les confonde avec les copies qu'il a gardées, s'ils se permettaient de grossoyer les requêtes qui ne le sont pas encore, et qu'ils ne peuvent pas faire conformes aux copies qu'ils ne peuvent emprunter à l'avoué des exposans, qui ne les a pas; et ils veulent attendre sa mort pour ruiner ses enfans.

Les autres quatre arrêts de ce dossier déclarent non recevables les exposans à attaquer d'autres taxes, *faute par leur avoué* d'avoir croisé les articles sur les déclarations de dépens dans le délai fatal de trois jours prescrit par la loi, ce qui fait tomber cet avoué traître dans le cas de l'article du Code pénal, qui déclare prévaricateur l'officier public qui fait un acte défendu, ou ne fait pas un acte qu'il doit faire.

Dans ces cinq arrêts, il y a celui du 2 fructidor qui enjoint à l'avoué des exposans de signer leurs conclusions, et autorise les exposans à déposer devers M. le procureur général leur dénonciation contenant leurs griefs contre les avoués. Les exposans ne manquèrent pas de faire ce dépôt; mais on verra plus bas les pièces qui prouvent encore l'inertie et le parti pris de ne jamais statuer sur ce qui ne pourrait leur être refusé, et qu'on a laissé cette dénonciation sans réponse depuis huit ans, malgré encore, à cet égard, mille plaintes verbales, manuscrites, imprimées. On remarquera encore la copie de l'arrêt du 11 fructidor; on verra comment elle est altérée et les signatures surchargées, parce qu'après l'avoir fait signifier à avoué, il est arrivé que l'avoué qui la reçut, en mettant par surcharge sa signature sur celle de l'autre avoué, s'est servi de cette copie pour la signifier à partie, et épargner le papier et les écritures qu'il ne s'est pas moins fait payer 25 ou 30 fr.; en sorte que les exposans ont payé deux copies pour une à l'aide d'un faux, ce qui est une gentillesse qu'on renouvellera tant qu'il n'y aura pas d'obstacle. Ce dossier de quatre copies de cinq arrêts forme donc le troisième, et il est ci-coté lettre F

Quatre pièces.

Le quatrième dossier renferme trois pièces qui sont d'abord deux attestations des Cours d'appel d'Agen et de Toulouse qui disent que, quoique les exposans ayent des biens dans les ressorts de ces deux Cours plus nombreux que ceux qu'ils ont à Paris, on n'a jamais entendu parler d'aucun procès les concernant, tandis qu'à Paris les audacieux qui leur suscitent sans cesse des procès ont encore la perfidie de les appeler processifs. La Dénonciation imprimée explique cette circonstance, et rend aussi un compte sommaire de la fortune des exposans, qui n'ont acheté, près Paris, que deux domaines nationaux, l'un 90,000 fr., l'autre 103,000 fr., qui, depuis douze ans qu'on les vexe, auraient été dévorés mille fois sans leur sagesse et leur énergie, et si les biens n'avaient triplé de valeur, puisque les pillages exercés contre eux excèdent 400,000 fr., qu'ils n'ont payés qu'en s'épuisant, en empruntant, en vendant des immeubles; et ce qui le prouve, c'est la troisième pièce de ce dossier qui est un acte authentique contenant un paiement de 98,940 fr., qui indique en même temps divers emprunts et des ventes depuis dix ans, formant un total de 246,926 fr.

Ce quatrième dossier, composé de trois pièces qui

justifient la spoliation et l'exécution du complot de ruiner les exposans, est donc ci-coté lettre. . G

Trois pièces.

Le cinquième dossier se compose de dix pièces toutes relatives aux refus des avoués et des huissiers de signer les conclusions et les significations des exposans, et aux trahisons dans leur défense.

Qu'on se souvienne que le syndic des avoués menaça les exposans, par sa lettre déjà produite de nivose an 13, que dès que M. Selves osait se plaindre, s'il continuait il ne serait probablement pas écouté. Ces dix pièces prouvent si bien l'exécution immédiate de la menace, que la première est une lettre du procureur général du 1er germinal an 13, qui marque qu'il vient d'écrire à l'avoué des exposans qu'il ne peut refuser son ministère.

La seconde est une lettre du 14 prairial an 13, de ce même magistrat, qui a la faiblesse de dire que cet avoué prétend avoir éprouvé des désagrémens personnels, et en effet la chambre des avoués lui avait défendu de signer aucune conclusion pour les exposans contre les avoués, et M. le procureur général n'ayant pas le courage, selon son devoir, d'enjoindre, écrivit qu'il fallait s'adresser à la Cour.

La troisième est un exploit du 23 prairial, qui prouve que les exposans, privés ainsi d'avoué, essayèrent de remplir eux-mêmes, dans le délai fatal, les formalités qui étaient du fait de l'avoué, et firent toutes protestations à raison de cette privation.

La quatrième est la requête en injonction aux avoués et aux huissiers, répondue le 6, 7 et 12 messidor an 13, dans laquelle on enjoint bien à l'avoué, mais on refuse, on ne sait pourquoi, d'enjoindre aux huissiers. L'injonction à l'avoué fut encore si inutile, et il s'en moqua si bien, qu'il fallut que le 2 fructidor, comme on l'a vu par l'arrêt de cette date, M. Selves allât lui-même sur l'audience faire faire une nouvelle injonction à l'avoué, qui lui fut faite, mais qui encore, comme on verra, s'en est moqué impunément. C'est aussi cet arrêt qui autorisa à déposer au parquet la dénonciation contre les avoués, que M. Selves déposa en effet de suite.

La cinquième pièce est une invitation de M. le procureur général, de passer à son parquet le 10 nivose an 14, sans expliquer pourquoi; c'était pour dire, après avoir conféré avec la Cour, ou au moins avec M. le premier président, qu'il était convenu qu'il n'accuserait pas même la réception de la dénonciation à lui envoyée en exécution de l'arrêt du 2 fructidor: elle était, dit-il, trop importante pour s'en occuper. Et depuis cette lettre aucune plainte verbale, écrite, imprimée, n'a pu vaincre cette inertie mille fois plus répréhensible qu'un déni de justice qui, quand il est fait, laisse au moins la faculté de s'adresser ailleurs.

La sixième est une requête prête pour faire enjoindre encore à l'avoué Boudard d'occuper dans un moment pressant, et si pressant, qu'un vieil avoué, que M. Selves connaît, eut la complaisance, avant qu'on eût le temps d'avoir l'injonction de donner une signature, mais qui ne voulut pas en donner d'autre.

La septième est une copie où l'on voit aussi en tête une requête et ordonnance en injonction à un avoué de première instance.

La huitième, une copie d'ordonnance à laquelle il fallait former opposition dans les vingt-quatre heures. M. le procureur impérial rappellera que le même jour 28 octobre 1811, ce ne fut qu'en appellant les huissiers, et sur son ordre, que M. Selves, qui se trouva au Palais, obtint de leur faire faire cette opposition qu'ils refusaient.

La neuvième et dixième sont deux requêtes sur lesquelles encore il fallut faire enjoindre, le 12 octobre 1811, par M. le président des vacations, à un avoué, qui le refusait depuis un an de signer des conclusions contre trois de ses confrères qui ont spolié le greffe de trois déclarations de dépens prétendues liquidées par le juge, et qui ne le sont que par avoué, et qui se portent à plus de 6000 fr. contre les exposans.

Qu'on imagine, si l'on peut, comment on est servi, défendu, quand il faut ainsi, à chaque pas, faire contraindre le défenseur, dont pourtant le ministère est forcé, et qui le refuse impunément, désobéit même hardiment, se met en rébellion contre la loi, ne remplit pas les formalités, et donne lieu à des arrêts, tels que les quatre ou cinq ci-devant produits, qui déclarent le client non recevable, faute d'avoir fait remplir les formalités par son avoué dans le délai fatal, sans qu'on punisse cet avoué contre lequel on poursuivait, et l'on avait même obtenu des injonctions à l'époque de ces arrêts. Si chaque pièce de ce dossier n'est pas une preuve qu'on se joue des exposans et de la justice, et qu'ils n'ont rien à espérer d'elle à Paris, il faut dire qu'il n'y a plus ni évidence ni raison.

Mais laissons tant d'autres réflexions révoltantes; ce cinquième dossier, composé de dix pièces, est ci-coté lettre . . . . H

Dix pièces.

Le sixième dossier de la quatrième liasse est composé de neuf pièces relatives à la conduite de M. le président Séguier, si affligeante dans cette seule occasion, et si concluante contre lui, qu'elle nous a dispensé de parler dans cet inventaire de ses autres torts.

La première de ces neuf pièces est un arrêt de forme du 15 février 1806, qui subroge les exposans à une poursuite de contribution à la place de la régie, et accorde les dépens, suivant le style, tant aux exposans qu'à la régie, comme privilégiés.

Cependant l'avoué de la régie, par erreur si l'on veut, fit enrôler et taxer les dépens contre M. Selves, comme s'il y était condamné, et l'avoué des exposans, l'avoué taxateur, le greffier et M. le président Séguier, sans rien lire, pas même l'arrêt, rédigent les arrêtés, signent tout, et un exécutoire d'une misère de 164 fr. est expédié; l'avoué de la régie, pour cette chétive somme, arrête environ 20,000 fr. dus aux exposans à la caisse d'amortissement.

Quatre pièces qui sont dans ce dossier sont les actes de taxe et la copie de l'exécutoire.

Une ordonnance de référé du 2 décembre 1808 justifie le consentement des exposans, à ce qu'en attendant l'éclaircissement de cette erreur les 164 fr. restent à la caisse; mais en attendant, des nouvelles oppositions étaient méchamment survenues pour faire recommencer une contribution: procès là-dessus, surtout à la requête de l'agent, qui l'a perdu selon un jugement du 27 janvier et un arrêt du 1er janvier 1809, qui ont coûté plus de 6000 fr., et plus d'un an de perte de temps. Il faut lire dans la Dénonciation quelle a été la bonté, quelles ont été les prévenances des exposans envers M. Séguier, qui, par ses procédés, fait que cette erreur, si c'en est une, est devenue la forfaiture la plus repréhensible, et comment les exposans ont été ballottés de referé en première instance, en Cour d'appel, et puis pour rétrograder en première instance, suivant un arrêt du 17 juin 1809, qui forme la neuvième pièce; il faut dire que c'est M. Agier, second président, qui l'a prononcé, et toujours pour éviter de frapper un avoué que M. le président Séguier aurait pu mettre à la raison d'un seul mot en le mandant et lui ordonnant de tout rectifier à ses dépens; mais l'inimitié contre M. Selves l'emporta. Cette affaire est impoursuivie et en souffrance depuis quatre ans, parce que M. Selves ne veut pas revenir devant des juges qui l'ont ainsi ballotté, et qui, dans cette seule circonstance, ont prouvé qu'il faut en désigner d'autres. Ce sixième dossier est ci-coté lettre I

Neuf pièces.

Le septième dossier se compose de deux pièces, dont l'une est un mémoire de frais de l'avoué des exposans en première instance, qui a voulu avoir environ 24,000 fr., qui fut taxé par un avoué à 21,117 fr., sans compter d'autres articles renvoyés à la chambre; il y a eu condamnation par un président de première instance, gendre d'avoué, et sur l'instant en appel par M. Agier, président, sans vouloir faire réviser par un juge, sans écouter M. Selves lorsqu'il soutenait que plusieurs pièces de ce mémoire n'existaient pas, que d'autres étaient fabriquées après coup; il fallut payer plus de 24,000 fr., devant notaire, pour frais, ou frais de frais, ou intérêts, sans qu'il fût permis de compter ni vérifier les pièces que l'avoué remit.

Mais de plus, malgré que la décharge faite devant notaire ait constaté qu'on défiait de produire les pièces de plusieurs articles, et surtout une affiche, une quittance d'imprimeur, qu'on a supposé avoir consommé plus de 4000 fr. de papier timbré que les avoués ont passé en taxe, il n'a pas été possible jusqu'ici de se faire entendre sur la demande *de condictione indebiti*, formée pour avoir trop payé, et pour se faire restituer; et pour cet objet encore, les exposans attendent d'avoir des nouveaux juges à la place de ceux que l'inimitié ou la prévention rendent entièrement sourds.

La décharge notariée qui constate le refus de compter les pièces remises par l'avoué, et le défi de montrer celles justificatives de certains articles, est produite dans un pourvoi déjà admis par la Cour de cassation contre cet avoué.

Les deux pièces qui sont la copie du mémoire des frais de cet avoué, et les qualités de l'arrêt dont la copie est dans le pourvoi, sont dans ce septième dossier, ci-coté lettre L

Deux pièces.

Le huitième et dernier dossier de la quatrième liasse du présent inventaire, se compose de neuf pièces qui ont reçu l'existence à la suite de l'arrêt du 6 mai 1811, dont les condamnations révoltantes sont analysées dans la Dénonciation.

La copie de cet arrêt du 6 mai a été déjà produite dans la seconde liasse.

Lors de cet arrêt, cet avoué d'appel demandait aussi environ 24,000 fr. comme l'avoué de première instance, et n'avouait pas la moitié de ce qu'il avait reçu. Sa demande était si extravagante, que la chambre même des avoués, qui fut consultée, n'osa pas dire qu'il lui fût dû plus de 500 fr.; et si elle avait bien dit, elle aurait trouvé que cet avoué avait reçu des débiteurs des exposans plus de 3000 fr. au-delà de ce qui lui était dû.

Cet avoué fut même forcé d'abandonner vingt-quatre articles que les avoués lui avaient alloués.

Cet avoué est le même contre lequel il y a eu tant d'injonctions de prêter son ministère, qui s'en est moqué, a trahi les exposans, a laissé rendre tant d'arrêts contre eux, faute d'avoir rempli certaines formalités dans le délai fatal.

Malgré cela, l'arrêt lui accorde, par concussion, 600 fr. à titre de gratification au-delà de ses prétendus frais, le dispense de montrer aux exposans son registre de recette, sous prétexte qu'il l'a montré au nouvel avoué des exposans, comme si la loi qui déclare l'avoué non recevable faute de montrer ses registres, a entendu qu'ils ne seraient montrés qu'entre avoués.

A la suite de cet arrêt, cet avoué a prétendu devant le notaire chez lequel les exposans lui ont fait des offres réelles sans aucun acquiescement, qu'il n'était pas tenu de laisser compter les pièces qu'il remettait aux exposans. Le procès-verbal devant notaire, ici produit, du 13 juin 1811, le constate.

Malgré ces offres, il fit une saisie, et la fit déclarer valable par un jugement du 23 juillet 1811, qui se contenta de son offre de remettre les pièces sans les compter, après qu'il serait payé. La copie de ce jugement est produite.

Sur l'appel du 19 août, il se hâta de prendre un arrêt le 26, qui ordonna l'exécution provisoire de sa saisie.

Le 24 octobre, un arrêt très-contradictoire de la chambre des vacations déclara que les exposans avaient le droit de compter et constater, en les recevant, la nature et le nombre des pièces que l'avoué leur remettrait, et annula la saisie de l'avoué avec dépens.

Mais cet avoué, revenu dans la section de M. Agier, fit déclarer, le 17 novembre, que cet arrêt du 24 octobre était par défaut, et le 3 décembre il le fit rétracter et fit confirmer le jugement de première instance.

Cet arrêt du 3 décembre, dont la copie est produite, renferme celui du 24 octobre et celui du 17 novembre.

M. Agier avait bien prononcé que cependant les exposans pourraient sinon compter, au moins faire coter et parapher les pièces par le notaire en les recevant; mais M. Agier supprima de l'arrêt cette disposition.

L'avoué des exposans réclama; M. Agier promit de la rétablir sur référé; et au contraire, au lieu d'un référé, suivant un autre arrêt, il y eut un incident jugé par arrêt du 20 avril 1812, dont la copie est produite, qui, pour éluder, se borne à dire que c'est reproduire la question jugée.

Une autre copie d'un arrêt du 9 juin 1812 est celle qui déclare la dame Selves non recevable envers des oppositions à des arrêts qu'elle n'avait pas formées, et déclare que les précédens arrêts sur la remise des pièces n'ont pas besoin d'explication.

Un autre arrêt du 30 juillet 1812 n'a aucun égard au procès-verbal du notaire qui constate que les pièces remises, quoique non comptées, sont incomplètes, et veut toujours qu'on achève d'en payer le prix, en disant que peu importe qu'elles soient complètes ou non: ce qui laisse encore un incident à juger pour faire compléter les pièces.

Tout ces arrêts, au nombre de huit ou neuf avec le jugement, prouvent que la chambre de M. Agier a voulu que les pièces fussent reçues, et décharge définitive faite sans les compter, tandis que l'arrêt contraire de la chambre de M. Gilbert veut qu'elles soient comptées, ce qui forme un conflit qui seul nécessiterait un réglement de juges, pour la requête civile, par contrariété, ainsi que la Dénonciation l'explique.

Lors de tous ces arrêts, qui n'étaient que des suites de celui du 6 mai, et ne pouvaient donner lieu qu'à un droit de plaidoirie de 7 fr. 50 c. au plus, il a été exigé 60 fr. pour chaque plaidoirie d'avoué chaque fois, comme si c'était chaque fois une cause nouvelle sommaire, et M. Agier a signé la liquidation sans y regarder, sans que sa prévention ait voulu rien entendre; et il en a coûté, pour ces huit à neuf arrêts de suite, plus de 3000 fr. payés par les exposans comme contraints.

Il y a aussi dans le même dossier la copie d'un autre arrêt du 24 octobre 1811, qui justifie les prétentions blâmables et soutenues par un substitut en faveur des trois avoués qui ont enlevé les trois déclarations au greffe. Cet arrêt justifie aussi un millième refus d'enjoindre à un avoué de signer les conclusions des exposans.

La Requête et la Dénonciation expliquent ces événemens de manière à se dispenser de les répéter ici.

Ce dossier, composé de neuf pièces, est donc ci-coté lettre . . . . M

Neuf pièces.

Ainsi la quatrième liasse est composée de huit dossiers, depuis lettre D jusqu'à lettre M.

Nous nous interdisons toute autre réflexion.

Nous aurions bien pu produire d'autres pièces; mais c'en est assez pour démontrer d'abord les moyens de prise à partie, fondés surtout sur le déni de justice, sur la protection des concussions, et sur la rébellion envers les lois, même envers celles qui rendent les juges responsables; et cette responsabilité devra être prononcée à la suite de l'admission de la Requête en prise à partie.

C'en est assez aussi pour prouver à plus forte raison qu'il y a non pas seulement suspicion légitime, mais certitude que les exposans ne peuvent pas espérer à Paris, ni d'être défendus, ni d'être entendus, ni justice d'aucune espèce, et qu'ils doivent être renvoyés devant une autre Cour impériale que celle de Paris.

Si les pièces qui viennent d'être produites n'étaient pas démonstratives des faits avancés par M. Selves, tant ici que dans ses ouvrages, qui causent tant de passions, comme ces faits seraient alors injurieux, calomnieux, il faudrait ordonner que le procès lui fût fait à lui-même, parce qu'il faut en finir.

Si les faits sont trouvés vrais, et que quelque raison de politique empêchât de convenir de leur vérité, alors M. Selves et les personnages qui l'ont excité, approuvé, auraient été ainsi que lui trompés sur ce que la politique exige: il faudrait au moins alors qu'on eût l'humanité de lui dire de se taire, le mettre à l'abri des persécutions, et le faire jouir de la protection des lois, ou l'autoriser, avec les siens, à sortir de l'empire; parce que s'il cessait d'écrire et de se défendre, et qu'il ne fût pas protégé par les lois, les vengeances ne manqueraient pas d'achever de l'anéantir.

Mais si le résultat des pièces produites est évidemment tel qu'il l'annonce, il n'y a pas un moment à perdre pour les vrais magistrats, afin de faire cesser l'oppression, et faire éclater la justice que la persévérance des exposans ne cessera de réclamer.

Persistent.

Signé SELVES et ROMET.

De l'Imp. de CELLOT, rue des Grands-Augustins, n° 9.

ASSASSINATS

Commis par le soi-disant JURY français, désolans pour le passé, et à faire cesser au plus tôt pour l'avenir, en modifiant encore l'article 351 du code d'instruction criminelle, relatif à l'adjonction des juges aux jurés, et

PÉTITION

AU ROI

ET AUX CHAMBRES.

Ce que je vais dire est tellement important, que tout législateur français, qui est sensible, ne saurait dormir tranquillement, quand il l'aura lu, jusqu'à ce que la loi que je vais indiquer existe. Elle devra être bien courte. Il suffira qu'elle s'exprime ainsi :

« L'adjonction introduite par l'art. 351 pour le seul cas » où l'accusé n'a que sept jurés contre lui, aura également » lieu lorsqu'il y en aura huit, et même neuf, qui vou- » dront le condamner ».

L'idée d'adjoindre les juges aux jurés a été sans doute un grand malheur, puisqu'elle dénature le plus grand principe du jury, qui est que les jurés doivent seuls prononcer sur le fait, et que les juges ne doivent jamais se mêler que du droit. Si le jury devait toujours subsister, il faudrait en revenir à ce principe du vrai jury ; mais en attendant, dès que le système d'adjonction a été imaginé, il faut au moins empêcher qu'il soit inconséquent, surtout pour être malfaisant.

Les lois, en général, ne peuvent être bonnes que par les combinaisons, les méditations les plus profondes, et souvent même des calculs pénibles. C'est aussi au calculateur le plus habile de la France, et peut-être du monde entier, qu'est due la dernière loi du 11 mai courant, qui se réduit en substance à régler qu'à l'avenir un accusé ne pourra aller à l'échafaud que quand il y aura au moins dix voix qui l'y condamneront. Le calculateur, dans ses méditations, trouva qu'il y avait une chance d'après laquelle l'accusé était condamné, quoiqu'il n'eût que neuf voix contre lui, composées de sept jurés et de deux juges, et quoiqu'il eût pour lui huit voix composées de cinq jurés et de trois juges. Il pensa avec raison qu'il était trop dur que l'accusé pérît lorsqu'il n'y avait qu'une voix de plus contre lui, c'est-à-dire, neuf, quand il en avait huit pour lui; et il crut devoir proposer qu'il n'y eût condamnation qu'autant que trois juges se réuniraient aux sept jurés.

Cela est très bien; et voilà qui détermine bien positivement qu'un accusé doit avoir dix voix contre lui sur les dix-sept jurés ou juges; et il a été douloureux d'entendre des opinans qui voulaient rejeter cette loi. Ce ne pouvait être que par esprit de contradiction, ou parce qu'ils ne l'entendaient pas.

Mais cette loi n'est qu'un acte d'humanité pour adoucir le sort de l'accusé, et cela n'arrête pas des assassinats; car auparavant si l'accusé avait huit voix en sa faveur, il en avait neuf contre lui; et ce n'était pas la première fois que l'accusé périssait par une seule voix de plus. Il y a eu souvent des tribunaux d'exception qui suivaient cette règle atroce, mais en dernier lieu les cours spéciales mêmes ne condamnaient qu'à cinq huitièmes, comme la Cour des pairs a elle-même adopté de le faire, depuis ma brochure anonyme publiée lors du jugement du maréchal Ney.

Voici maintenant quelles sont les chances lors desquelles l'accusé est assassiné par le soi-disant jury français, sans que ni l'art. 351, ni les méditations de notre calculateur, les aient aperçues.

N'est-il pas vrai que l'article 351 ne prescrit l'adjonction que lorsque l'accusé a seulement sept jurés contre lui, et que cet article ne permet pas l'adjonction lorsque huit jurés le condamnent, et que sans autre examen il va à l'échafaud?

Cependant si l'adjonction avait lieu aussi quand l'accusé n'a que huit jurés contre lui, il pourrait avoir encore neuf voix pour lui par les quatre jurés qu'il a déjà, et par les cinq juges, s'ils se réunissaient aux quatre jurés. Cela présente une inconséquence positive dans l'adjonction, et un assassinat évident, qui a été commis toutes les fois qu'un accusé a subi sa peine parce qu'il avait huit jurés contre lui. Cela est arrivé à coup sûr une infinité de fois depuis plus de dix ans que l'adjonction si imparfaite a été imaginée. Cela peut arriver chaque jour, et arrive sans faute souvent, parce que cette chance est des plus fréquentes; et ce mal serait éternel, si, sans perdre un instant, on ne le faisait pas cesser.

Les ames honnêtes qui n'apprennent cela que dans ce moment, et elles sont sans doute très nombreuses, vont être désespérées, comme je le suis moi-même depuis que mes études me l'ont fait apercevoir, ainsi que je l'ai écrit dans mes livres. Mais l'orgueil et la jalousie empêchent de les lire, et les étouffent; et ce n'est que parce que quelqu'un qui n'est pas moi a commencé de faire apercevoir l'imperfection de l'adjonction, que je puis espérer d'être lu et écouté, surtout quand les imperfections que j'articule sont bien plus importantes que celles qu'on vient de corriger; et quand il est aussi clair que le jour qu'à l'instant où ce que je propose sera adopté, j'empêcherai l'assassinat de quelques-uns de nos semblables, et jusqu'à la fin du monde, si tant le soi-disant jury français durait, et n'était pas aboli, ou ramené à sa véritable nature, et si la corruption qui le fit abolir autrefois pouvait disparaître, et le rendre possible, ce qui est bien difficile; et peut-être encore, en sortant d'une révolution aussi affreuse que la nôtre, vaut-il mieux avoir le plus inepte jury que ce que nous aurions à sa place. Peut-être aussi ceux qui ont empêché de m'entendre acheveront-ils de pâlir, s'ils réfléchissent qu'ils ont, en quelque sorte, participé à ces assassinats, en empêchant d'écouter mes écrits, qui, à coup sûr, en auraient prévenu beaucoup.

N'est-il pas vrai encore que depuis que la loi nouvelle existe, et qui ne veut plus qu'un accusé périsse quand il n'a que neuf voix contre lui, et qu'il en a huit pour lui, l'adjonction doit aussi avoir lieu à peine encore d'inconséquence et d'assassinat, pour savoir si l'accusé qui a déjà les trois voix des jurés restans n'aura pas encore les cinq voix des cinq juges, ce qui lui fera huit contre neuf, et le sauvera, dès qu'il n'est plus permis de le faire périr qu'autant qu'il y aurait encore alors la voix d'un juge contre lui, qui se réunirait aux neuf jurés, et ferait les dix voix nécessaires pour la condamnation? Qui sait combien d'accusés ont péri, et peuvent périr à chaque instant par huit ou neuf voix d'après la législation telle qu'elle existe? Quel est, encore une fois, le législateur qui peut vivre tranquille tant que ce mal ne sera pas réparé?

L'humanité veut donc qu'on fasse cesser de suite cette lacune mortelle qui se trouve encore dans l'adjonction.

Je n'ai pas besoin d'en dire davantage. Je supplie donc, si on ne m'entend pas par une première lecture, qu'on veuille bien relire jusqu'à ce que j'aie été bien compris. Je ne puis manquer de l'être par tous ceux qui y réfléchiront, parce que ma proposition est positivement juste, comme il l'est que deux et deux font quatre ; et ma loi doit être adoptée sans hésiter avec le plus grand empressement. Il suffira encore une fois qu'elle dise, comme on l'a vu en commençant :

« L'adjonction introduite par l'art. 351 pour le seul cas » où l'accusé n'a que sept jurés contre lui, aura également » lieu lorsqu'il y en aura huit, et même neuf, qui voudront » le condamner ».

Il y a encore dans les codes des centaines d'articles qui présentent des lacunes, des incohérences, dont les besoins de la justice réclament qu'on s'occupe au plus tôt, et j'ose dire que si je vivais encore lorsqu'on le fera, mon expérience pourrait être de quelque secours.

Mais ce que je viens de dire est plus pressant que tout, parce qu'il s'agit de prévenir, je le répète, de nouveaux assassinats. Je conjure, au nom du ciel, ceux qui par leurs fonctions sont chargés de s'occuper des lois de donner à ceci quelques minutes par préférence à tout autre travail, et tous ceux qui aiment la justice, et abhorrent de voir couler le sang innocent, doivent les en solliciter.

SELVES.

Mai 1821.

De l'Imprimerie de Doublet.

www.ingramcontent.com/pod-product-compliance
Ingram Content Group UK Ltd.
Pitfield, Milton Keynes, MK11 3LW, UK
UKHW012213240726
13966UKWH00002B/720

9 782012 467613